GENGANGERE

Henrik Ibsen

Gengangere
Copyright © JiaHu Books 2014
First Published in Great Britain in 2014 by Jiahu Books – part of Richardson-Prachai Solutions Ltd, 34 Egerton Gate, Milton Keynes, MK5 7HH
ISBN: 978-1-78435-032-1
Conditions of sale
All rights reserved. You must not circulate this book in any other binding or cover and you must impose the same condition on any acquirer.
A CIP catalogue record for this book is available from the British Library
Visit us at: jiahubooks.co.uk

PERSONERNE	5
FØRSTE AKT	7
ANDEN AKT	42
TREDJE AKT	72

PERSONERNE

FRU HELENE ALVING, kaptejn og kammerherre Alvings enke.
OSVALD ALVING, hendes søn, maler.
PASTOR MANDERS.
SNEDKER ENGSTRAND.
REGINE ENGSTRAND, i huset hos fru Alving.

Handlingen foregår på fru Alvings landejendom ved en stor fjord i det vestlige Norge.

FØRSTE AKT

(En rummelig havestue med en dør på den venstre sidevæg og to døre på væggen til højre. I midten af stuen et rundt bord med stole omkring; på bordet ligger bøger, tidsskrifter og aviser. I forgrunden til venstre et vindu, og ved samme en liden sofa med et sybord foran. I baggrunden fortsættes stuen i et åbent noget smalere blomsterværelse, der er lukket udad af glasvægge og store ruder. På blomsterværelsets sidevæg til højre er en dør, som fører ned til haven. Gennem glasvæggen skimtes et dystert fjordlandskab, sløret af en jævn regn.)

(Snedker Engstrand står oppe ved havedøren. Hans venstre ben er noget krumt; under støvlesålen har han en træklods. Regine, med en tom blomstersprøjte i hånden, hindrer ham fra at komme nærmere.)

REGINE *(med dæmpet stemme).* Hvad er det du vil? Bliv stående der du står. Det drypper jo af dig.

ENGSTRAND. Det er Vorherres regn, det, barnet mit.

REGINE. Det er fandens regn, er det.

ENGSTRAND. Jøss' som du snakker, Regine. *(halter et par skridt frem i stuen.)* Men det var *det*, jeg vilde sige –

REGINE. Klamp ikke så med den foden, menneske! Den unge herren ligger og sover ovenpå.

ENGSTRAND. Ligger han og sover nu? Midt på lyse dagen?

REGINE. Det kommer ikke dig ved.

ENGSTRAND. Jeg var ude på en rangel igårkveld –

REGINE. Det tror jeg gerne.

ENGSTRAND. Ja, for vi mennesker er skrøbelige, barnet mit –

REGINE. Ja, vi er nok det.

ENGSTRAND. – og fristelserne er mangfoldige i denne verden, ser du –; men endda så stod jeg, ja Gu', ved mit arbejde klokken halv sex idag tidlig.

REGINE. Ja, ja, kom dig nu bare afsted. Jeg vil ikke stå her og ha' rendez-vous'er med dig.

ENGSTRAND. Hvad vil du ikke ha' for noget?

REGINE. Jeg vil ikke ha', at nogen skal træffe dig her. Se så; gå så din vej.

ENGSTRAND *(et par skridt nærmere)*. Nej Gu' om jeg går, før jeg får snakket med dig. I eftermiddag blir jeg færdig med arbejdet dernede i skolehuset, og så stryger jeg hjemover til byen med dampbåden inat.

REGINE *(mumler)*. Lykke på rejsen!

ENGSTRAND. Tak for det, barnet mit. Imorgen skal jo asylet indvies, og så blir her venteligvis ståk og styr med berusendes drikke, ser du. Og der skal ingen sige på Jakob Engstrand, at han ikke kan holde sig undaf, når fristelsen kommer.

REGINE. Hå!

ENGSTRAND. Ja, for her møder jo så mange fine folk imorgen. Presten Manders er jo også ventendes fra byen.

REGINE. Han kommer alt idag.

ENGSTRAND. Ja ser du det. Og så vil jeg fan' ikke, at han skal få noget at sige på mig, skønner du.

REGINE. Åhå, er det *så* fat!

ENGSTRAND. Hvadfornoget er fat?

REGINE *(ser visst på ham)*. Hvad er det nu for noget, du vil narre presten Manders til igen?

ENGSTRAND. Hys, hys; er du gælen? Vil *jeg* narre presten Manders til noget? Å nej, presten Manders er altfor snil en mand imod mig til *det*. Men det var *det*, jeg vilde snakke med dig om, ser du, at inat så rejser jeg altså hjem igen.

REGINE. Rejs jo før jo heller for mig.

ENGSTRAND. Ja, men jeg vil ha' dig med mig, Regine.

REGINE *(med åben mund)*. Vil du ha' mig –? Hvad er det, du siger?

ENGSTRAND. Jeg vil ha' dig med mig hjem, siger jeg.

REGINE *(hånsk)*. Aldrig i evighed får du mig med dig hjem.

ENGSTRAND. Å, det skal vi nok få se.

REGINE. Ja, det kan du være viss på vi skal få se. *Jeg*, som er opvokset hos kammerherreinde Alving –? *Jeg*, som blir holdt næsten som et barn her –? Skulde *jeg* flytte hjem til *dig*? Til et sligt hus? Fy da!

ENGSTRAND. Hvad fan' er *det*? Sætter du dig op imod din far, tøs?

REGINE *(mumler, uden at se på ham)*. Du har tidtnok sagt, at jeg ikke kom dig ved.

ENGSTRAND. Pyt; hvad vil du bry' dig om *det* –

REGINE. Har du ikke mangen god gang skældt og kaldt mig for en –? Fi donc!

ENGSTRAND. Nej-Gu' brugte jeg da aldrig så stygt et ord ligevel.

REGINE. Å, jeg sanser nok, hvad ord du brugte.

ENGSTRAND. Ja, men det var jo bare når jeg var på en kant – hm. Fristelserne er mangfoldige i denne verden, Regine.

REGINE. Uh!

ENGSTRAND. Og så var det, når din mor slog sig vrang. Noget måtte jeg da finde på at ærte hende med, barnet mit. Altid skulde hun nu være så fin på det.

(hærmer.) «Slip mig, Engstrand! Lad mig være! Jeg har tjent tre år hos kammerherre Alvings på Rosenvold, jeg!» *(ler.)* Jøss' bevar's; aldrig kunde hun da glemme, at kaptejnen blev kammerherre, mens hun tjente her.

REGINE. Stakkers mor; – hende fik du da tidsnok pint livet af.

ENGSTRAND *(svinger på sig).* Ja det forstår sig; jeg skal jo ha' skylden for alting.

REGINE *(vender sig bort, halvhøjt).* Uf –! Og så det benet.

ENGSTRAND. Hvad siger du, barnet mit?

REGINE. Pied de mouton.

ENGSTRAND. Er det engelsk, det?

REGINE. Ja.

ENGSTRAND. Ja-ja; lærdom har du fåt herude, og det kan komme godt med nu, det, Regine.

REGINE *(efter en kort taushed).* Og hvad var det så du vilde med mig i byen?

ENGSTRAND. Kan du spørge om, hvad en far vil med sit eneste barn? Er jeg ikke en enslig og forladt enkemand.

REGINE. Å, kom ikke til mig med sligt sludder. Hvorfor vil du ha' mig derind?

ENGSTRAND. Jo, jeg skal sige dig, jeg har tænkt at slå ind på noget nyt nu.

REGINE *(blæser).* Det har du prøvet så tidt; men lige galt blev det.

ENGSTRAND. Ja, men denne gangen skal du bare se, Regine! – Fan' æte mig –

REGINE *(stamper).* Lad være å bande!

ENGSTRAND. Hys, hys; det har du så evig ret i, barnet mit! Det var bare *det*, jeg vilde sige, – jeg har lagt ikke så lidet penger op for arbejdet ved dette her nye asylet.

REGINE. Har du det? Det er jo godt for dig, det.
ENGSTRAND. For hvad skal en vel bruge skillingen til her på landsbygden?
REGINE. Nå, og så?
ENGSTRAND. Jo, ser du, så havde jeg tænkt at sætte de pengerne i noget, som kunde lønne sig. Det skulde være som en slags beværtning for sjøfolk –
REGINE. Uf da!
ENGSTRAND. En rigtig fin beværtning, skønner du; – ikke sligt noget svineri for matroser. Nej, død og pine, – det skulde være for skibskaptejner og styrmænder og – og rigtig fine folk, skønner du.
REGINE. Og så skulde jeg –?
ENGSTRAND. Du fik hjælpe til, ja. Bare så for et syns skyld, kan du vel tænke. Du skal fan' ikke få det svært, barnet mit. Du kan få det rakt som du vil ha' det.
REGINE. Ja-vel, ja!
ENGSTRAND. Men fruentimmer må der være i huset, det er grejt som dagen, det. For om kvellerne skal vi jo ha' det lidt morosomt med sang og dans og sligt noget. Du må sanse på, det er vejfarendes sjømænder på verdens hav. *(nærmere.)* Vær nu ikke dum og stå dig selv ivejen, Regine. Hvad kan det bli' til med dig herude? Kan det nytte dig til noget, at fruen har kostet lærdom på dig? Du skal jo passe ungerne på det nye asylet, hører jeg. Er *det* noget for dig, det? Har du slig glupendes lyst til at gå og slide dig helseløs for de skidne ungernes skyld?
REGINE. Nej, gik det som *jeg* havde lyst til, så –. Nå, det kan vel komme. Det kan vel komme!
ENGSTRAND. Hvad for noget er det, som kan komme?
REGINE. Bry' dig aldrig om det. – Er det mange penge, du har

lagt dig op herude?
ENGSTRAND. I et og alt kan det vel bli' så en syv-otte hundrede kroner.
REGINE. Det er ikke så ilde.
ENGSTRAND. Det er nok til at sætte sig ivej med, det, barnet mit.
REGINE. Tænker du ikke på at gi' mig noget af de pengene?
ENGSTRAND. Nej Gu' tænker jeg ikke på det, nej.
REGINE. Tænker du ikke på at sende mig så my' som et stakkers kjoletøj engang?
ENGSTRAND. Kom bare og vær med mig ind til byen, du, så kan du få kjoletøjer nok.
REGINE. Pyt, det kan jeg gøre på egen hånd, hvis jeg har lyst til det.
ENGSTRAND. Nej, ved en fars vejledendes hånd, det er bedre, Regine. Nu kan jeg få et pent hus i Lille Havnegaden. Der skal ikke mange kontanter til; og *der* kunde bli' som et slags sjømandshjem, ser du.
REGINE. Men jeg *vil* ikke være hos dig! Jeg har ikke noget med dig at bestille. Gå så!
ENGSTRAND. Du blev fan' ikke længe hos mig, barnet mit. Det var nok ikke *så* vel. Hvis du forstod at te dig da. Så vakker en tøs, som du er ble't på de sidste par år –
REGINE. Nå –?
ENGSTRAND. Det vilde nok ikke vare længe før der kom en styrmand, – ja, kanske en kaptejn –
REGINE. Jeg vil ikke gifte mig med slige nogen. Sjømændene har ingen savoir vivre.
ENGSTRAND. Hvad har de ikke for noget?
REGINE. Jeg kender sjømændene, siger jeg. Det er ikke folk til at gifte sig med.
ENGSTRAND. Så la' bli' å gifte dig med dem. Det kan lønne sig

ligevel. *(fortroligere.)* Han – Engelskmanden – han med
lystkutteren – han gav tre hundrede speciedaler, han; – og
hun var ikke vakkrere, hun, end du.
REGINE *(imod ham).* Ud med dig!
ENGSTRAND *(viger).* Nå, nå; du vil da vel ikke slå, véd jeg.
REGINE. Jo! Snakker du om mor, så slår jeg. Ud med dig, siger
jeg! *(driver ham op mod havedøren.)* Og smeld ikke med
dørene; den unge herr Alving –
ENGSTRAND. Han sover, ja. Det er svært som du bryr dig om den
unge herr Alving. – *(sagtere.)* Ho-ho; det skulde da vel aldrig
være så, at *han* –?
REGINE. Ud, og det fort! Du er ør, menneske! Nej, gå ikke den
vejen. Der kommer pastor Manders. Nedover køkkentrappen
med dig.
ENGSTRAND *(mod højre).* Ja ja, jeg skal så gøre. Men snak så
med *ham*, som *der* kommer. *Han* er mand for at sige dig,
hvad et barn skylder sin far. For jeg er nu din far ligevel, ser
du. Det kan jeg bevise af kirkebogen.
*(han går ud gennem den anden dør, som Regine har åbnet og
igen lukker efter ham.)*
REGINE *(ser sig hastigt i spejlet, vifter sig med lommetørklædet
og retter på sit kraveband; derpå gir hun sig ifærd med
blomsterne).* (Pastor Manders, i overfrakke og med paraply,
samt med en liden rejsetaske i en rem over skuldren, kommer
gennem havedøren ind i blomster værelset.)
PASTOR MANDERS. Goddag, jomfru Engstrand.
REGINE *(vender sig glad overrasket).* Nej se, goddag, herr pastor!
Er dampskibet alt kommet?
PASTOR MANDERS. Det kom nu netop. *(går ind i havestuen.)* Det
er dog et fortrædeligt regnvejr vi har nu om dagene.
REGINE *(følger ham).* Det er et så velsignet vejr for

landmanden, herr pastor.

PASTOR MANDERS. Ja, det har De visst ret i. Det tænker vi byfolk så lidet på.

(han begynder at drage overfrakken af.)

REGINE. Å, må ikke jeg hjælpe? – Se så. Nej, hvor våd den er! Nu skal jeg bare hænge den op i forstuen. Og så paraplyen –; den skal jeg slå op, så den kan bli' tør.

(Hun går ud med sagerne gennem den anden dør til højre. Pastor Manders tager rejsetasken af og lægger den og hatten på en stol. Imidlertid kommer Regine ind igen.)

PASTOR MANDERS. Ah, det gjorde rigtig godt at komme i hus. Nå, her står dog alting vel til på gården?

REGINE. Jo, mange tak.

PASTOR MANDERS. Men dygtig travlt, kan jeg tænke, i anledning af imorgen?

REGINE. Å ja, her er jo en del at gøre.

PASTOR MANDERS. Og fru Alving er forhåbentlig hjemme.

REGINE. Ja kors; hun er bare ovenpå og passer chokoladen til den unge herren.

PASTOR MANDERS. Ja, sig mig –, jeg hørte nede ved stoppestedet, at Osvald skal være kommen.

REGINE. Ja, han kom iforgårs. Vi havde ikke ventet ham før som idag.

PASTOR MANDERS. Og frisk og rask, vil jeg håbe?

REGINE. Jo tak, det er han nok. Men gruelig træt efter rejsen. Han har faret i ét kør lige fra Paris –; jeg mener, han har kørt hele routen med et og samme træn. Jeg tror nok han sover lidt nu, så vi må nok tale en liden bitte smule sagte.

PASTOR MANDERS. Hys, vi skal være så stille.

REGINE *(idet hun flytter en lænestol tilrette ved bordet).* Og så vær så god og sæt Dem, herr pastor, og gør Dem det mageligt. *(han sætter sig; hun flytter en skammel under hans fødder.)* Se så! Sidder herr pastoren nu godt?

PASTOR MANDERS. Tak, tak; jeg sidder fortræffeligt. *(betragter hende.)* Hør, véd De hvad, jomfru Engstrand, jeg tror tilforladelig De er vokset siden jeg så Dem sidst.

REGINE. Synes herr pastoren det? Fruen siger, at jeg har lagt mig ud også.

PASTOR MANDERS. Lagt Dem ud? – Nå ja, kanske lidt; – så passeligt. *(kort ophold.)*

REGINE. Skal jeg kanske sige fruen til?

PASTOR MANDERS. Tak, tak, det haster ikke, mit kære barn. – Nå, men sig mig nu, min gode Regine, hvorledes går det så Deres far herude?

REGINE. Jo tak, herr pastor, det går ham nokså bra'.

PASTOR MANDERS. Han var indom hos mig, da han sidst var i byen.

REGINE. Nej, var han det? Han er altid så glad, når han får tale med pastoren.

PASTOR MANDERS. Og De ser da vel flittigt ned til ham om dagene?

REGINE. Jeg? Jo, det gør jeg nok; så tidt jeg får stunder, så –

PASTOR MANDERS. Deres far er ingen rigtig stærk personlighed, jomfru Engstrand. Han trænger så inderligt til en ledende hånd.

REGINE. Å ja, det kan gerne være, det.

PASTOR MANDERS. Han trænger til at ha' nogen om sig, som han kan holde af, og hvis omdømme han kan lægge vægt på. Han erkendte det selv så trohjertigt, da han sidst var oppe hos mig.

REGINE. Ja, han har snakket til mig om noget sligt. Men jeg véd

15

ikke, om fru Alving vil være af med mig, – helst nu, da vi får det nye asylet at styre med. Og så vilde jeg så gruelig nødig fra fru Alving også, for hun har da altid været så snil imod mig.

PASTOR MANDERS. Men den datterlige pligt, min gode pige –. Naturligvis måtte vi først indhente Deres frues samtykke.

REGINE. Men jeg véd ikke, om det går an for mig, i min alder, at styre huset for en enslig mandsperson.

PASTOR MANDERS. Hvad! Men kære jomfru Engstrand, det er jo Deres egen far, her er tale om!

REGINE. Ja, det kan så være, men alligevel –. Ja, hvis det var i et *godt* hus og hos en rigtig reel herre –

PASTOR MANDERS. Men, min kære Regine –

REGINE. – en, som jeg kunde nære hengivenhed for og se op til og være ligesom i datters sted –

PASTOR MANDERS. Ja, men mit kære gode barn –

REGINE. For så vilde jeg nok gerne ind til byen. Herude er det svært ensomt, – og herr pastoren véd jo selv, hvad det vil sige at stå ensom i verden. Og det tør jeg nok sige, at jeg er både flink og villig. Véd ikke herr pastoren nogen slig plads for mig?

PASTOR MANDERS. Jeg? Nej, tilforladelig, om jeg det véd.

REGINE. Men kære, kære herr pastor, – tænk ialfald på mig, dersom at –

PASTOR MANDERS *(rejser sig).* Jo, det skal jeg nok, jomfru Engstrand.

REGINE. Ja, for hvis jeg –

PASTOR MANDERS. Vil De kanske være så snil at hente fruen?

REGINE. Nu skal hun komme straks, herr pastor.

(hun går ud til venstre.)

PASTOR MANDERS *(går et par gange op og ned i stuen, står en stund i baggrunden med hænderne på ryggen og ser ud i haven. Derefter kommer han atter i nærheden af bordet, tar en bog og ser på titelbladet, studser og ser på flere)*: Hm, – ja så! *(Fru Alving kommer ind gennem døren på venstre side. Hun er fulgt af Regine, som straks går ud gennem den forreste dør til højre.)*

FRU ALVING *(rækker ham hånden)*. Velkommen, herr pastor.

PASTOR MANDERS. Goddag, frue. Her har De mig, som jeg loved.

FRU ALVING. Altid på klokkeslettet.

PASTOR MANDERS. Men De kan tro, det kneb for mig at slippe bort. Alle de velsignede kommissjoner og bestyrelser, jeg sidder i –

FRU ALVING. Desto snillere var det af Dem, at De kom så betids. Nu kan vi få vore forretninger afgjort, før vi spiser middag. Men hvor har De Deres koffert?

PASTOR MANDERS *(hurtigt)*. Mit tøj står nede hos landhandleren. Jeg blir der inat.

FRU ALVING *(undertrykker et smil)*. Er De virkelig ikke at formå til at overnatte hos mig dennegang heller?

PASTOR MANDERS. Nej, nej, frue; ellers så mange tak; jeg blir dernede, som jeg plejer. Det er så bekvemt, når jeg skal ombord igen.

FRU ALVING. Nå, De skal få ha' Deres vilje. Men jeg synes da rigtignok ellers, at vi to gamle mennesker –

PASTOR MANDERS. Å Gud bevares, hvor De spøger. Ja, De er naturligvis overstadig glad idag. Først festdagen imorgen, og så har De jo fåt Osvald hjem.

FRU ALVING. Ja, tænk Dem, hvilken lykke for mig! Det er nu over to år siden han var hjemme sidst. Og så har han lovet at bli'

17

hos mig hele vinteren over.
PASTOR MANDERS. Nej, har han det? Det var jo smukt og sønligt gjort af ham. For det må vel være ganske anderledes tiltrækkende at leve i Rom og Paris, kan jeg tænke mig.
FRU ALVING. Ja, men her hjemme har han sin mor, ser De. Å min kære velsignede gut, – han har nok hjerte for sin mor, han!
PASTOR MANDERS. Det vilde jo også være altfor sørgeligt, om adskillelse og syslen med sådanne ting som kunst skulde sløve så naturlige følelser.
FRU ALVING. Ja, det må De nok sige. Men nej såmæn har ikke det nogen nød med ham, ikke. Ja, nu skal det rigtig more mig at se, om De kan kende ham igen. Han kommer ned siden; nu ligger han bare oppe og hviler sig lidt på sofaen. – Men sæt Dem nu ned, min kære herr pastor.
PASTOR MANDERS. Tak. Det er Dem altså belejligt –?
FRU ALVING. Ja visst er det så.
(hun sætter sig ved bordet.)
PASTOR MANDERS. Godt; så skal De da se –. *(går hen til stolen, hvor rejsetasken ligger, tar en pakke papirer op af den, sætter sig på den modsatte side af bordet og søger en ryddig plads for papirerne.)* Her har vi nu for det første –. *(afbrydende.)* Sig mig, fru Alving, hvorledes kommer *de* bøger *her*?
FRU ALVING. De bøger? Det er bøger, som *jeg* læser i.
PASTOR MANDERS. Læser De den slags skrifter?
FRU ALVING. Ja såmæn gør jeg det.
PASTOR MANDERS. Føler De, at De blir bedre eller lykkeligere ved den slags læsning?
FRU ALVING. Jeg synes, at jeg blir ligesom tryggere.
PASTOR MANDERS. Det var mærkeligt. Hvorledes det?

FRU ALVING. Jo, jeg får ligesom forklaring og bekræftelse på mangt og meget af det, jeg selv går og tænker mig. Ja, for *det* er det underlige, pastor Manders, – der er egentlig sletikke noget nyt i disse bøger; der står ikke andet end det, som de fleste mennesker tænker og tror. Det er bare det, at de fleste mennesker ikke gør sig rede for det eller ikke vil være ved det.

PASTOR MANDERS. Nå du min Gud! Tror De for ramme alvor, at de fleste mennesker –?

FRU ALVING. Ja, det tror jeg rigtignok.

PASTOR MANDERS. Ja, men dog ikke her i landet vel? Ikke her hos os?

FRU ALVING. Å jo såmæn, her hos os også.

PASTOR MANDERS. Nå, det må jeg rigtignok sige –!

FRU ALVING. Men hvad har De da forresten egentlig at indvende imod de bøger?

PASTOR MANDERS. Indvende? De tror dog vel ikke, at jeg beskæftiger mig med at granske sådanne frembringelser?

FRU ALVING. Det vil sige, De kender sletikke, hvad De fordømmer?

PASTOR MANDERS. Jeg har læst tilstrækkeligt om disse skrifter for at misbillige dem.

FRU ALVING. Ja men Deres egen mening –

PASTOR MANDERS. Kære frue, der er mangfoldige tilfælde i livet, da man må forlade sig på andre. Det er nu engang således her i verden; og det er godt. Hvorledes skulde det ellers gå med samfundene?

FRU ALVING. Nej-nej; De kan ha' ret i det.

PASTOR MANDERS. Forresten benægter jeg naturligvis ikke, at der kan være adskilligt tiltrækkende ved deslige skrifter. Og jeg kan jo heller ikke fortænke Dem i, at De ønsker at gøre

Dem bekendt med de åndelige strømninger, som efter sigende foregår ude i den store verden, – hvor De jo har ladet Deres søn færdes så længe. Men –

FRU ALVING. Men –?

PASTOR MANDERS *(sænker stemmen).* Men man taler ikke om det, fru Alving. Man behøver dog virkelig ikke at gøre alle og enhver regnskab for, hvad man læser og hvad man tænker indenfor sine fire vægge.

FRU ALVING. Nej, naturligvis; det mener jeg også.

PASTOR MANDERS. Tænk nu bare, hvilke hensyn De skylder dette asyl, som De besluttet at oprette på en tid, da Deres meninger om de åndelige ting var såre afvigende fra nu; – så vidt *jeg* kan skønne da.

FRU ALVING. Ja ja, det indrømmer jeg fuldkommen. Men det var om asylet –

PASTOR MANDERS. Det var om asylet vi skulde tale, ja. Altså – forsigtighed, kære frue! Og nu går vi da over til vore forretninger. *(åbner omslaget og tar en del papirer ud.)* Ser De disse her?

FRU ALVING. Dokumenterne?

PASTOR MANDERS. Allesammen. Og i fuld stand. De kan tro, det har holdt hårdt at få dem i rette tid. Jeg har formelig måttet presse på. Autoriteterne er jo næsten pinlig samvittighedsfulde, når det gælder afgørelser. Men her har vi dem altså. *(blader i bunken.)* Se her er thinglæst skøde på gårdparten Solvik, under herregården Rosenvold, med påstående nyopførte husebygninger, skolelokale, lærerbolig og kapel. Og her er approbationen på legatet og på statuterne for stiftelsen. Vil De se – *(læser:)* Statuter for børnehjemmet «Kaptejn Alvings minde».

FRU ALVING *(ser længe på papiret).* Der er det altså.

PASTOR MANDERS. Jeg har valgt betegnelsen kaptejn og ikke kammerherre. Kaptejn ser mere bramfrit ud.
FRU ALVING. Ja ja, ganske som De synes.
PASTOR MANDERS. Og her har De sparebankbogen over den rentebærende kapital, som er afsat for at dække asylets driftsomkostninger.
FRU ALVING. Tak; men vær så snil at beholde den for bekvemheds skyld.
PASTOR MANDERS. Meget gerne. Jeg tænker, vi lar pengene bli' stående i sparebanken for det første. Rentefoden er jo ikke meget tillokkende; fire procent på sex måneders opsigelse. Hvis man senere kunde komme over en god panteobligation, – det måtte naturligvis være første prioritet og et papir af utvilsom sikkerhed, – så kunde vi jo nærmere tales ved.
FRU ALVING. Ja ja, kære pastor Manders, alt det skønner De bedst.
PASTOR MANDERS. Jeg skal ialfald ha' øjnene med mig. – Men så er der en ting til, som jeg flere gange har tænkt at spørge Dem om.
FRU ALVING. Og hvad er det for noget?
PASTOR MANDERS. Skal asylbygningerne assureres eller ikke?
FRU ALVING. Ja, naturligvis må de assureres.
PASTOR MANDERS. Ja, stop lidt, frue. Lad os se noget nærmere på sagen.
FRU ALVING. Jeg holder alting assureret, både bygninger og løsøre og avling og besætning.
PASTOR MANDERS. Selvfølgelig. På Deres egne ejendomme. Det samme gør jeg også, – naturligvis. Men her, ser De, er det en ganske anden sag. Asylet skal jo dog ligesom helliges til en højere livsopgave.

21

Fru Alving. Ja men fordi om –

Pastor Manders. For mit eget personlige vedkommende vilde jeg sandeligen ikke finde det ringeste anstødeligt i at sikre os imod alle muligheder –

Fru Alving. Nej, det synes rigtignok jeg også.

Pastor Manders. – men hvorledes har det sig med stemningen hos folket her ude omkring? Den kender jo De bedre end jeg.

Fru Alving. Hm, stemningen –

Pastor Manders. Er her noget betragteligt antal af menings- berettigede, – af virkelig meningsberettigede, som kunde ta' anstød af det?

Fru Alving. Ja, hvad forstår De egentlig ved virkelig meningsberettigede?

Pastor Manders. Nå, jeg tænker nærmest på mænd i såvidt uafhængige og indflydelsesrige stillinger, at man ikke godt kan undlade at tillægge deres meninger en viss vægt.

Fru Alving. Af sådanne findes her adskillige, som kanske nok kunde ta' anstød, ifald –

Pastor Manders. Nå, ser De bare! Inde i byen har vi mangfoldige af den slags. Tænk blot på alle min embedsbroders tilhængere! Man kunde virkelig så såre let komme til at opfatte det, som om hverken De eller jeg havde den rette tillid til en højere styrelse.

Fru Alving. Men for Deres vedkommende, kære herr pastor, véd De da ialfald med Dem selv at –

Pastor Manders. Ja, jeg véd; jeg véd; – jeg har min gode bevidsthed, det er sandt nok. Men vi vilde alligevel ikke kunne hindre en vrang og ufordelagtig udlægning. Og en sådan kunde igen lettelig komme til at øve en hæmmende indflydelse på selve asylgerningen.

Fru Alving. Ja, skulde *det* bli' tilfældet, så –

Pastor Manders. Jeg kan heller ikke ganske bortse fra den vanskelige, – ja, jeg kan gerne sige pinlige stilling, *jeg* muligens vilde komme i. I byens ledende kredse beskæftiger man sig meget med denne asylsag. Asylet er jo delvis oprettet til gavn for byen også, og forhåbentlig vil det i en ikke ubetragtelig grad komme til at lette vore komunale fattigbyrder. Men da nu jeg har været Deres rådgiver og har styret det forretningsmæssige ved sagen, så må jeg befrygte, at de nidkære først og fremst vilde kaste sig over *mig* –

Fru Alving. Ja, det bør De ikke udsætte Dem for.

Pastor Manders. Ikke at tale om de angreb, der utvilsomt vilde blive rettet imod mig i visse blade og tidsskrifter, som –

Fru Alving. Nok, kære pastor Manders; det hensyn er aldeles afgørende.

Pastor Manders. De vil altså ikke, at der skal assureres?

Fru Alving. Nej; vi lar det være.

Pastor Manders *(læner sig tilbage i stolen).* Men *hvis* nu ulykken engang var ude? En kan jo aldrig vide –. Vilde De så kunne oprette skaden igen?

Fru Alving. Nej, det siger jeg Dem rent ud, det vilde jeg aldeles ikke.

Pastor Manders. Ja men véd De hvad, fru Alving, – da er det igrunden et betænkeligt ansvar vi tar på os.

Fru Alving. Men synes De da, at vi *kan* andet?

Pastor Manders. Nej, det er just tingen; vi *kan* egentlig ikke andet. Vi bør dog ikke udsætte os for et skævt omdømme; og vi har på ingen måde lov til at vække forargelse i menigheden.

Fru Alving. De, som prest, ialfald ikke.

PASTOR MANDERS. Og jeg synes da virkelig også, vi må stole på, at en sådan anstalt har lykken med sig, – ja, at den står under en særlig beskærmelse.

FRU ALVING. Lad os håbe det, pastor Manders.

PASTOR MANDERS. Skal vi altså la' det stå til?

FRU ALVING. Ja visst skal vi så.

PASTOR MANDERS. Godt. Som De vil. *(noterer.)* Altså – ikke assurere.

FRU ALVING. Det var ellers underligt, at De kom til at tale om dette her netop idag –

PASTOR MANDERS. Jeg har tidt tænkt at spørge Dem om det –

FRU ALVING. – for igår havde vi sånær fåt en ildebrand dernede.

PASTOR MANDERS. Hvad for noget!

FRU ALVING. Nå, det havde forresten ingenting på sig. Der var gåt ild i noget høvlflis i snedkerværkstedet.

PASTOR MANDERS. Hvor Engstrand arbejder?

FRU ALVING. Ja. Han skal mangengang være så uforsigtig med fyrstikker, siges der.

PASTOR MANDERS. Han har så mange ting i hodet, den mand – så mange slags anfægtelser. Gud ske lov, han beflitter sig jo nu på at føre et ulasteligt levnet, hører jeg.

FRU ALVING. Så? Hvem siger det?

PASTOR MANDERS. Det har han selv forsikkret mig. Og en flink arbejder er han jo også.

FRU ALVING. Å ja, sålænge han er ædru –

PASTOR MANDERS. Ja, den sørgelige svaghed! Men han er mangen- gang nødt til det for sit dårlige bens skyld, siger han. Sidste gang han var i byen, blev jeg virkelig rørt over ham. Han kom op til mig og takked mig så inderligt, fordi jeg havde skaffet ham arbejde her, så han kunde få være sammen med Regine.

FRU ALVING. Hende ser han nok ikke meget til.
PASTOR MANDERS. Jo, han taler med hende hver dag, det sad han selv og fortalte mig.
FRU ALVING. Ja ja, kan være.
PASTOR MANDERS. Han føler så godt, at han trænger til nogen, som kan holde ham tilbage, når fristelsen nærmer sig. *Det* er det elskelige ved Jakob Engstrand, dette, at han kommer så rent hjælpeløs til en og anklager sig selv og bekender sin skrøbelighed. Sidst han var oppe og talte med mig –. Hør, fru Alving, hvis det skulde være ham en hjertets fornødenhed at få Regine hjem til sig igen –
FRU ALVING *(rejser sig hurtigt).* Regine!
PASTOR MANDERS. – så må De ikke sætte Dem imod det.
FRU ALVING. Jo, det sætter jeg mig rigtignok imod. Og desuden, – Regine skal jo ha' en stilling ved asylet.
PASTOR MANDERS. Men betænk, han er dog hendes far –
FRU ALVING. Å, jeg véd bedst, hvad slags far han har været for hende. Nej, til ham skal hun aldrig komme med min gode vilje.
PASTOR MANDERS *(rejser sig).* Men kære frue, tag det da ikke så hæftigt. Det er så sørgeligt, hvorledes De miskender snedker Engstrand. Det er jo som om De blev rent forskrækket –
FRU ALVING *(stillere).* Det kan være det samme. Jeg har taget Regine til mig, og hos mig blir hun. *(lytter.)* Hys, kære pastor Manders, tal ikke mere om dette her. *(Glæden lyser op i hende.)* Hør! Der kommer Osvald i trappen. Nu vil vi bare tænke på *ham.*
(Osvald Alving, i en let overfrakke, med hat i hånden og røgende af en stor merskumspibe, kommer ind gennem døren til venstre.)

25

OSVALD *(blir stående ved døren)*. Å, om forladelse – jeg trode man sad i kontoret.

(kommer nærmere.) Goddag, herr pastor.

PASTOR MANDERS *(stirrende)*. Ah –! Det var da mærkværdigt – FRU ALVING. Ja, hvad siger De om ham *der*, pastor Manders?

PASTOR MANDERS. Jeg siger, – jeg siger –. Nej, men er det da virkelig –?

OSVALD. Jo, det er virkelig den forlorne søn, herr pastor.

PASTOR MANDERS. Men min kære unge ven –

OSVALD. Nå, den hjemkomne søn da.

FRU ALVING. Osvald tænker på dengang De havde så meget imod, at han blev maler.

PASTOR MANDERS. For menneskelige øjne kan jo mangt et skridt se betænkeligt ud, som siden alligevel –. *(ryster hans hånd.)* Nå, velkommen, velkommen! Nej, min kære Osvald –. Ja, jeg må da nok få kalde Dem ved fornavn?

OSVALD. Ja, hvad skulde De ellers kalde mig?

PASTOR MANDERS. Godt. Det var *det*, jeg vilde sige, min kære Osvald, – De må ikke tro om mig, at jeg ubetinget fordømmer kunstnerstanden. Jeg antager, der er mange, som kan bevare sit indre menneske ufordærvet i den stand også.

OSVALD. Vi bør håbe det.

FRU ALVING *(strålende fornøjet)*. Jeg véd en, som har bevaret både sit indre og sit ydre menneske ufordærvet. Se bare på ham, pastor Manders.

OSVALD *(driver opover gulvet)*. Ja ja, kære mor, lad nu det være.

PASTOR MANDERS. Nå tilforladelig – det kan ikke nægtes. Og så har De jo alt begyndt at få et navn. Aviserne har ofte talt om Dem, og det så overmåde gunstigt. Ja, det vil sige – i den senere tid synes jeg det har været ligesom lidt stille.

OSVALD *(oppe ved blomsterne).* Jeg har ikke fåt male så meget på det sidste.
FRU ALVING. En maler må jo også hvile sig imellem.
PASTOR MANDERS. Jeg kan tænke mig det. Og så forbereder man sig og samler kræfter til noget stort.
OSVALD. Ja. – Mor, skal vi snart spise?
FRU ALVING. Om en liden halv time. Madlyst har han da, Gud ske lov.
PASTOR MANDERS. Og smag for tobak også.
OSVALD. Jeg fandt fars pibe oppe på kammeret og så –
PASTOR MANDERS. Aha, der har vi det altså!
FRU ALVING. Hvilket?
PASTOR MANDERS. Da Osvald kom der i døren med piben i munden, var det som jeg så hans far lyslevende.
OSVALD. Nej virkelig?
FRU ALVING. Å, hvor kan De dog sige det! Osvald slægter jo mig på.
PASTOR MANDERS. Ja; men der er et drag ved mundvigerne, noget ved læberne, som minder så grangiveligt om Alving – ialfald nu han røger.
FRU ALVING. Aldeles ikke. Osvald har snarere noget presteligt ved munden, synes jeg.
PASTOR MANDERS. Å ja, å ja; adskillige af mine embedsbrødre har et lignende drag.
FRU ALVING. Men sæt piben fra dig, min kære gut; jeg vil ikke ha' røg herinde.
OSVALD *(gør så).* Gerne. Jeg vilde bare prøve den; for jeg har engang røgt af den som barn.
FRU ALVING. Du?
OSVALD. Ja. Jeg var ganske liden dengang. Og så husker jeg, jeg kom op på kammeret til far en aften, han var så glad og

27

lystig.

FRU ALVING. Å, du husker ingenting fra de år.

OSVALD. Jo, jeg husker tydeligt, han tog og satte mig på knæet og lod mig røge af piben. Røg, gut, sa' han, – røg dygtigt, gut! Og jeg røgte alt hvad jeg vandt, til jeg kendte jeg blev ganske bleg og sveden brød ud i store dråber på panden. Da lo han så hjertelig godt –

PASTOR MANDERS. Det var da højst besynderligt.

FRU ALVING. Kære, det er bare noget Osvald har drømt.

OSVALD. Nej, mor, jeg har aldeles ikke drømt det. For – kan du ikke huske *det* – så kom du ind og bar mig ud i barnekammeret. Der fik jeg ondt og jeg så, at du græd. – Gjorde far ofte slige spilopper?

PASTOR MANDERS. I sin ungdom var han en særdeles livsglad mand –

OSVALD. Og fik endda udrettet så meget her i verden. Så meget godt og nyttigt; ikke ældre end han blev.

PASTOR MANDERS. Ja, De har i sandhed taget en virksom og værdig mands navn i arv, min kære Osvald Alving. Nå, det vil forhåbentlig være Dem en spore –

OSVALD. Det burde så være, ja.

PASTOR MANDERS. Det var ialfald smukt af Dem, at De kom hjem til hans hædersdag.

OSVALD. Mindre kunde jeg da ikke gøre for far.

FRU ALVING. Og at jeg får beholde ham så længe; – det er nu det allersmukkeste af ham.

PASTOR MANDERS. Ja, De blir jo hjemme vinteren over, hører jeg.

OSVALD. Jeg blir hjemme på ubestemt tid, herr pastor. – Å, det er dog dejligt at være kommen hjem!

FRU ALVING *(strålende)*. Ja, ikke sandt, du?

PASTOR MANDERS *(ser deltagende på ham)*. De kom tidligt ud i verden, min kære Osvald.

OSVALD. Jeg gjorde det. Undertiden tænker jeg, om det ikke var *for* tidligt.

FRU ALVING. Å sletikke. Det har en rask gut netop godt af. Og især en, som er eneste barn. Slig en skal ikke gå hjemme hos mor og far og bli' forkælet.

PASTOR MANDERS. Det er et såre omtvisteligt spørsmål, fru Alving. Fædrenehjemmet er og blir dog barnets rette tilholdssted.

OSVALD. Det må jeg rigtignok være enig med pastoren i.

PASTOR MANDERS. Se nu bare til Deres egen søn. Ja, vi kan jo godt tale om det i hans nærværelse. Hvad har følgen været for ham? Han er bleven sex-syv og tyve år gammel og har aldrig fåt anledning til at lære et ordentligt hjem at kende.

OSVALD. Om forladelse, herr pastor, – der tar De aldeles fejl.

PASTOR MANDERS. Så? Jeg trode, De havde færdedes sågodtsom udelukkende i kunstnerkredsene.

OSVALD. Det har jeg også.

PASTOR MANDERS. Og mest iblandt de yngre kunstnere.

OSVALD. Å ja vel.

PASTOR MANDERS. Men jeg trode, de fleste af de folk ikke havde råd til at stifte familje og grundlægge et hjem.

OSVALD. Der er adskillige af dem, som ikke har råd til at gifte sig, herr pastor.

PASTOR MANDERS. Ja, det er jo *det*, jeg siger.

OSVALD. Men de kan jo derfor ha' et hjem. Og det *har* også en og anden; og det et meget ordentligt og et meget hyggeligt hjem.

FRU ALVING *(følger spændt med, nikker men siger intet).*

PASTOR MANDERS. Men det er jo ikke ungkarlshjem, jeg taler om. Ved et hjem forstår jeg et familjehjem, hvor en mand lever med sin hustru og sine børn.

OSVALD. Ja; eller med sine børn og med sine børns mor.

PASTOR MANDERS *(studser; slår hænderne sammen).* Men du forbarmende –!

OSVALD. Nå?

PASTOR MANDERS. Lever sammen med – sine børns mor!

OSVALD. Ja, vilde De da heller, han skulde forstøde sine børns mor?

PASTOR MANDERS. Det er altså om ulovlige forhold, De taler! Om disse såkaldte vilde ægteskaber!

OSVALD. Jeg har aldrig mærket noget særlig vildt ved de folks samliv.

PASTOR MANDERS. Men hvor er det muligt, at en – en blot nogenlunde vel opdragen mand eller ung kvinde kan bekvemme sig til at leve på den måde – lige for almenhedens øjne!

OSVALD. Men hvad skal de da gøre? En fattig ung kunstner, – en fattig ung pige –. Det koster mange penge at gifte sig. Hvad skal de så gøre?

PASTOR MANDERS. Hvad de skal gøre? Jo, herr Alving, jeg skal sige Dem, hvad de skal gøre. De skulde holdt sig fra hinanden fra først af, – skulde de!

OSVALD. Den tale kommer De ikke langt med hos unge, varmblodige, forelskede mennesker.

FRU ALVING. Nej, den kommer De ikke langt med!

PASTOR MANDERS *(vedblivende).* Og så at autoriteterne tåler sådant noget! At det får lov til at ske åbenlyst! *(foran fru Alving.)* Havde jeg så ikke årsag til at være inderlig bekymret for Deres søn. I kredse, hvor den utilhyllede usædelighed går i svang og ligesom har fåt hævd –

OSVALD. Jeg vil sige Dem noget, herr pastor. Jeg har været en

stadig søndagsgæst i et par slige uregelmæssige hjem –
PASTOR MANDERS. Og det om søndagene!
OSVALD. Ja, da skal man jo more sig. Men aldrig har jeg der hørt et anstødeligt ord, og endnu mindre har jeg været vidne til noget, som kunde kaldes usædeligt. Nej; véd De, når og hvor *jeg* har truffet usædeligheden i kunstnerkredsene?
PASTOR MANDERS. Nej, Gud være lovet!
OSVALD. Nå, da skal jeg tillade mig at sige det. Jeg har truffet den, når en og anden af vore mønstergyldige ægtemænd og familjefædre kom derned for at se sig om en smule på egen hånd – og så gjorde kunstnerne den ære at opsøge dem i deres tarvelige knejper. Da kunde vi få vide besked. De herrer vidste at fortælle os både om steder og om ting, som vi aldrig havde drømt om.
PASTOR MANDERS. Hvad? Vil De påstå, at hæderlige mænd her hjemmefra skulde –?
OSVALD. Har De aldrig, når deslige hæderlige mænd kom hjem igen, har De aldrig hørt dem udtale sig om den overhåndtagende usædelighed udenlands?
PASTOR MANDERS. Jo, naturligvis –
FRU ALVING. Det har jeg også hørt.
OSVALD. Ja, man kan trygt tro dem på ordet. Der er sagkyndige folk iblandt. *(griber sig om hodet.)* Å – at det skønne, herlige frihedsliv derude, – at det skal således tilsøles.
FRU ALVING. Du må ikke forivre dig, Osvald; du har ikke godt af det.
OSVALD. Nej, du har ret i det, mor. Det er nok ikke sundt for mig. Det er den fordømte trætheden, ser du. Ja, nu går jeg en liden tur før bordet. Undskyld, herr pastor; De kan ikke sætte Dem ind i det; men det kom således over mig.
(han går ud gennem den anden dør til højre.)

FRU ALVING. Min stakkers gut –!

PASTOR MANDERS. Ja, det må De nok sige. Så vidt er det altså kommet med ham!

FRU ALVING *(ser på ham og tier).*

PASTOR MANDERS *(går op og ned).* Han kaldte sig den forlorne søn. Ja, desværre, – desværre!

FRU ALVING *(ser fremdeles på ham).*

PASTOR MANDERS. Og hvad siger De til alt dette?

FRU ALVING. Jeg siger, at Osvald havde ret i hvert eneste ord.

PASTOR MANDERS *(standser).* Ret? Ret! I sådanne grundsætninger!

FRU ALVING. Her i min ensomhed er jeg kommen til at tænke ligedan, herr pastor. Men jeg har aldrig dristet mig til at røre ved det. Nu, godt og vel; min gut skal tale for mig.

PASTOR MANDERS. De er en beklagelsesværdig kvinde, fru Alving. Men nu vil jeg tale et alvorsord til Dem. Nu er det ikke længer Deres forretningsfører og rådgiver, ikke Deres og Deres afdøde mands ungdomsven, som står for Dem. Det er presten, således, som han stod for Dem i det mest forvildede øjeblik i Deres liv.

FRU ALVING. Og hvad er det, presten har at sige mig?

PASTOR MANDERS. Jeg vil først ryste op i Deres erindring, frue. Tidspunktet er vel valgt. Imorgen er det tiårsdagen efter Deres mands død; imorgen skal hædersmindet afsløres over den bortgangne; imorgen skal jeg tale til hele den forsamlede skare; – men idag vil jeg tale til Dem alene.

FRU ALVING. Godt, herr pastor; tal!

PASTOR MANDERS. Mindes De, at De efter knapt et års ægteskab stod på afgrundens yderste rand? At De forlod Deres hus og hjem, – at De flygted fra Deres mand; –

ja, fru Alving, flygted, flygted, og nægted at vende tilbage til ham, så meget han end trygled og bad Dem om det?

FRU ALVING. Har De glemt, hvor grænseløs ulykkelig jeg følte mig i dette første år?

PASTOR MANDERS. Det er just den rette oprørsånd at kræve lykken her i livet. Hvad ret har vi mennesker til lykken? Nej, vi skal gøre vor pligt, frue! Og Deres pligt var at holde fast ved den mand, som De engang havde valgt og til hvem De var knyttet ved hellige bånd.

FRU ALVING. De véd godt, hvad slags liv Alving førte i den tid; hvilke udskejelser han gjorde sig skyldig i.

PASTOR MANDERS. Jeg véd såre vel, hvilke rygter der gik om ham; og jeg er den, som mindst af alle billiger hans vandel i ungdomsårene, såfremt rygterne medførte sandhed. Men en hustru er ikke sat til at være sin husbonds dommer. Det havde været Deres skyldighed med ydmygt sind at bære det kors, som en højere vilje havde eragtet tjenligt for Dem. Men i det sted afkaster De i oprørskhed korset, forlader den snublende, som De skulde have støttet, går hen og sætter Deres gode navn og rygte på spil, og – er nær ved at forspilde andres rygte ovenikøbet.

FRU ALVING. Andres? En andens, mener De nok.

PASTOR MANDERS. Det var overmåde hensynsløst af Dem at søge tilflugt hos *mig*.

FRU ALVING. Hos vor prest? Hos vor husven?

PASTOR MANDERS. Mest derfor. – Ja, tak De Deres Herre og Gud, at jeg besad den fornødne fasthed, – at jeg fik Dem fra Deres overspændte forehavender, og at det blev mig forundt at føre Dem tilbage på pligtens vej og hjem til Deres lovlige husbond.

FRU ALVING. Ja, pastor Manders, *det* var visselig Deres værk.

Pastor Manders. Jeg var kun et ringe redskab i en højeres hånd. Og hvorledes har ikke det, at jeg fik Dem bøjet ind under pligt og lydighed, hvorledes har ikke det vokset sig stort til velsignelse for alle Deres følgende levedage? Gik det ikke, som jeg forudsagde Dem? Vendte ikke Alving sine forvildelser ryggen, således, som det sømmer sig en mand? Leved han ikke siden den tid kærligt og ulasteligt med Dem alle sine dage? Blev han ikke en velgører for denne egn, og hæved han ikke Dem således op til sig, at De efterhånden blev en medarbejder i alle hans foretagender? Og det en dygtig medarbejder; – å, jeg véd det, fru Alving; *den* ros skal jeg gi' Dem. – Men nu kommer jeg til det næste store fejltrin iDeres liv.

Fru Alving. Hvad vil De sige med det?

Pastor Manders. Ligesom De engang har fornægtet hustruens pligter, således har De siden fornægtet moderens.

Fru Alving. Ah –!

Pastor Manders. De har været behersket af en uheldsvanger selvrådighedens ånd alle Deres dage. Al Deres tragten har været vendt imod det tvangløse og det lovløse. Aldrig har De villet tåle noget bånd på Dem. Alt, hvad der har besværet Dem i livet, har De hensynsløst og samvittighedsløst afkastet, lig en byrde, De selv havde rådighed over. Det behaged Dem ikke længer at være hustru, og De rejste fra Deres mand. Det faldt Dem besværligt at være moder, og De satte Deres barn ud til fremmede.

Fru Alving. Ja, det er sandt; det har jeg gjort.

Pastor Manders. Men derfor er De også bleven en fremmed for ham.

Fru Alving. Nej, nej; det *er* jeg ikke!

Pastor Manders. Det *er* De; det *må* De være. Og hvorledes

har De fåt ham igen! Betænk Dem vel, fru Alving. De har
forbrudt meget imod Deres mand; – dette erkender De ved
at rejse ham hint minde dernede. Erkend nu også, hvad De
har forbrudt imod Deres søn; det tør endnu være tid til at
føre ham tilbage fra forvildelsens stier. Vend selv om; og
oprejs, hvad der dog måske endnu kan oprejses i
ham. Thi *(med hævet pegefinger)* i sandhed, fru Alving, De
er en skyldbetynget moder! – Dette har jeg anset det for min
pligt at måtte sige Dem.

(Taushed.)

FRU ALVING *(langsomt og behersket)*. De har nu talt, herr pastor;
og imorgen skal De tale offentligt til min mands erindring.
Jeg skal ikke tale imorgen. Men nu vil jeg tale lidt til
Dem, ligesom De har talt til mig.

PASTOR MANDERS. Naturligvis; De vil fremføre undskyldninger
for Deres færd –

FRU ALVING. Nej. Jeg vil bare fortælle.

PASTOR MANDERS. Nu –?

FRU ALVING. Alt, hvad De nys sagde her om mig og min mand og
om vort samliv, efterat De, som De kaldte det, havde ført mig
tilbage til pligtens vej, – alt det er noget, som De jo sletikke
kender af egen iagttagelse. Fra det øjeblik satte De – vor
daglige omgangsven – ikke mere Deres fod i vort hus.

PASTOR MANDERS. De og Deres mand flytted jo fra byen
straks efter.

FRU ALVING. Ja; og herud til os kom De aldrig i min
mands levetid. Det var forretninger, som tvang Dem til
at besøge mig, da De havde fåt med asylsagerne at gøre.

PASTOR MANDERS *(sagte og usikkert)*. Helene – skal dette være
en bebrejdelse, så vil jeg be' Dem overveje –

FRU ALVING. – de hensyn, De skyldte Deres stilling; ja. Og så at

35

jeg var en bortløben hustru. Man kan aldrig være
tilbageholdende nok lige over for slige
hensynsløse fruentimmer.

PASTOR MANDERS. Kære – fru Alving, dette er en så
umådelig overdrivelse –

FRU ALVING. Ja, ja, ja, lad det så være. Det var bare *det*, jeg vilde
sige, at når De dømmer om mine ægteskabelige forhold, så
støtter De Dem sådan uden videre til den almindelige
gængse mening.

PASTOR MANDERS. Nu ja vel; og hvad så?

FRU ALVING. Men nu, Manders, nu vil jeg sige Dem
sandheden. Jeg har svoret ved mig selv, at De engang skulde
få den at vide. De alene!

PASTOR MANDERS. Og hvad er da sandheden?

FRU ALVING. Sandheden er det, at min mand døde lige
så ryggesløs, som han havde levet alle sine dage.

PASTOR MANDERS *(famler efter en stol)*. Hvad var det De sagde?

FRU ALVING. Efter nitten års ægteskab lige så ryggesløs, – i sine
lyster ialfald, – som han var før De vied os.

PASTOR MANDERS. Og disse ungdomsvildfarelser, – disse
uregelmæssigheder, – udskejelser, om De så vil, kalder De
ryggesløst levnet!

FRU ALVING. Vor huslæge brugte det udtryk.

PASTOR MANDERS. Nu forstår jeg Dem ikke.

FRU ALVING. Behøves ikke heller.

PASTOR MANDERS. Det næsten svimler for mig. Hele Deres
ægteskab, – hele dette mangeårige samliv med Deres mand
skulde ikke være andet end en overdækket afgrund!

FRU ALVING. Ikke en smule andet. Nu véd De det.

PASTOR MANDERS. Dette – det finder jeg mig sent tilrette i.
Jeg kan ikke fatte det! Ikke fastholde det! Men hvorledes var

det da muligt at –? Hvorledes har sådant noget kunnet holdes skjult?

FRU ALVING. Det har også været min uophørlige kamp dag efter dag. Da vi havde fåt Osvald, syntes jeg det blev ligesom noget bedre med Alving. Men det vared ikke længe. Og nu måtte jeg jo kæmpe dobbelt, kæmpe på liv og død for at ingen skulde få vide, hvad mit barns far var for et menneske. Og så véd De jo, hvor hjertevindende Alving var. Ingen syntes de kunde tro andet end godt om ham. Han var af de slags folk, hvis levnet ikke bider på deres rygte. Men så, Manders, – det skal De også vide, – så kom det afskyeligste af det altsammen.

PASTOR MANDERS. Afskyeligere end dette!

FRU ALVING. Jeg havde båret over med ham, skønt jeg så godt vidste, hvad der gik for sig i løn udenfor huset. Men da så forargelsen kom indenfor vore egne fire vægge –

PASTOR MANDERS. Hvad siger De! Her!

FRU ALVING. Ja, her i vort eget hjem. Derinde *(peger mod den første dør til højre)* i spisestuen var det jeg først kom undervejr med det. Jeg havde noget at gøre derinde, og døren stod påklem. Så hørte jeg vor stuepige kom op fra haven med vand til blomsterne derhenne.

PASTOR MANDERS. Nu ja –?

FRU ALVING. Lidt efter hørte jeg, at Alving kom også. Jeg hørte, at han sa' noget sagte til hende. Og så hørte jeg – *(med en kort latter.)* Å, det klinger endnu for mig både så sønderrivende og så latterligt; – jeg hørte min egen tjenestepige hviske: Slip mig, herr kammerherre! Lad mig være!

PASTOR MANDERS. Hvilken usømmelig letsindighed af ham! Å, men mere end en letsindighed har det ikke været, fru Alving. Tro mig på det.

FRU ALVING. Jeg fik snart vide, hvad jeg skulde tro.
Kammerherren fik sin vilje med pigen, – og dette
forhold havde følger, pastor Manders.

PASTOR MANDERS *(som forstenet).* Og alt det i dette hus! I dette
hus!

FRU ALVING. Jeg havde tålt meget i dette hus. For at holde ham
hjemme om aftenerne – og om nætterne måtte jeg gøre mig
til selskabsbror i hans lønlige svirelag oppe på kammeret.
Der har jeg måttet sidde på tomandshånd med ham, har
måttet klinke og drikke med ham, høre på hans utérlige
sansesløse snak, har måttet kæmpe nævekampe med ham
for at få slæbt ham i seng –

PASTOR MANDERS *(rystet).* At De har kunnet bære alt dette.

FRU ALVING. Jeg havde min lille gut at bære det for. Men da så
den sidste forhånelse kom til; da min egen tjenestepige –; da
svor jeg ved mig selv: dette skal ha' en ende! Og så tog jeg
magten i huset – hele magten – både over ham og over alt
det øvrige. For nu havde jeg våben imod ham, ser De;
han turde ikke kny. Dengang var det Osvald blev sat ud. Han
gik da i det syvende år, og begyndte at lægge mærke til og
gøre spørsmål, som børn plejer gøre. Alt dette kunde jeg
ikke tåle, Manders. Jeg syntes, barnet måtte forgiftes bare
ved at ånde i dette tilsølede hjem. Derfor var det jeg satte
ham ud. Og nu skønner De også, hvorfor han aldrig fik sætte
sin fod her hjemme, så længe hans far leved. Der er ingen,
som véd, hvad det har kostet mig.

PASTOR MANDERS. De har da i sandhed prøvet livet.

FRU ALVING. Jeg havde aldrig holdt det ud, hvis jeg ikke havde
havt mit arbejde. Ja, for jeg tør nok sige, at jeg har arbejdet!
Alle disse forøgelser af jordegodset, alle forbedringerne, alle
de nyttige indretninger, som Alving fik pris og berøm for, –

tror De *han* havde fremfærd til sligt? *Han, som lå hele dagen på sofaen og læste i en gammel statskalender!* Nej; nu vil jeg sige Dem *det* også: *jeg* var den, som drev ham ivej, når han havde sine lysere mellemstunder; *mig* var det, som måtte dra' hele læsset, når han så igen begyndte på sine udskejelser eller faldt sammen i jammer og ynkelighed.

PASTOR MANDERS. Og over denne mand er det De rejser et æresminde.

FRU ALVING. Der ser De den onde samvittigheds magt.

PASTOR MANDERS. Den onde –? Hvad mener De?

FRU ALVING. Det stod mig altid for, at det var umuligt andet, end at sandheden måtte komme ud, og bli troet på. Derfor skulde asylet ligesom slå alle rygterne ned og rydde al tvil afvejen.

PASTOR MANDERS. Da har De visselig ikke forfejlet Deres hensigt, fru Alving.

FRU ALVING. Og så havde jeg én grund til. Jeg vilde ikke, at Osvald, min egen gut, skulde ta' nogetsomhelst i arv efter sin far.

PASTOR MANDERS. Det er altså for Alvings formue, at –?

FRU ALVING. Ja. De summer, jeg år efter andet har skænket til dette asyl, udgør det beløb, – jeg har regnet det nøje ud, – det beløb, som i sin tid gjorde løjtnant Alving til et godt parti.

PASTOR MANDERS. Jeg forstår Dem –

FRU ALVING. Det var købesummen –. Jeg vil ikke, at de penge skal gå over i Osvalds hænder. Min søn skal ha' alting fra mig, skal han.

(Osvald Alving kommer gennem den anden dør til højre; hat og overfrakke har han skilt sig ved udenfor.)

FRU ALVING *(imod ham).* Er du alt igen? Min kære, kære gut!

OSVALD. Ja; hvad skal man ude i dette evindelige regnvejr? Men jeg hører, vi skal tilbords. Det er prægtigt!

39

REGINE *(med en pakke, fra spisestuen)*. Her er kommet en pakke til fruen.
(rækker hende den.)
FRU ALVING *(med et blik på pastor Manders)*. Festsangene til imorgen formodentlig.
PASTOR MANDERS. Hm –
REGINE. Og så er der serveret.
FRU ALVING. Godt; vi kommer om lidt; jeg vil bare –
(begynder at åbne pakken.)
REGINE *(til Osvald)*. Ønsker herr Alving hvid eller rød portvin?
OSVALD. Begge dele, jomfru Engstrand.
REGINE. Bien –; meget vel, herr Alving.
(hun går ind i spisestuen.)
OSVALD. Jeg får vel hjælpe med flaskekorkene –
(går ligeledes ind i spisestuen, hvis dør glider halvt op efter ham.)
FRU ALVING *(som har åbnet pakken)*. Jo, ganske rigtig; her har vi festsangene, pastor Manders.
PASTOR MANDERS *(med foldede hænder)*. Hvorledes jeg imorgen med frejdigt sind skal kunne holde min tale, det –!
FRU ALVING. Å, det finder De nok ud af.
PASTOR MANDERS *(sagte, for ikke at høres i spisestuen)*. Ja, forargelse kan vi jo dog ikke vække.
FRU ALVING *(dæmpet men fast)*. Nej. Men så er også dette lange stygge komediespil tilende. Fra iovermorgen af skal det være for mig, som om den døde aldrig havde levet i dette hus. Her skal ingen anden være, end min gut og hans mor.
(Inde i spisestuen høres larm af en stol, som væltes; samtidigt høres)
REGINES STEMME *(hvast men hviskende)*. Osvald da! Er du gal? Slip mig!

FRU ALVING *(farer sammen i rædsel)*. Ah –!
(Hun stirrer som i vildelse mod den halvåbne dør. Osvald høres hoste og nynne derinde. En flaske trækkes op.)
PASTOR MANDERS *(oprørt)*. Men hvad er dog dette for noget! Hvad *er* det, fru Alving?
FRU ALVING *(hæst)*. Gengangere. Parret fra blomsterværelset – går igen.
PASTOR MANDERS. Hvad siger De! Regine –? Er *hun* –?
FRU ALVING. Ja. Kom. Ikke et ord –!
(Hun griber pastor Manders om armen og går vaklende henimod spisestuen.)

41

ANDEN AKT

(Samme stue. Regntågen ligger fremdeles tungt over landskabet.)

(Pastor Manders og fru Alving kommer ud fra spisestuen.)

FRU ALVING *(endnu i døren).* Velbekomme, herr pastor. *(taler ind i spisestuen.)* Kommer du ikke med, Osvald?

OSVALD *(indenfor).* Nej tak; jeg tror jeg går lidt ud.

FRU ALVING. Ja, gør det; for nu er det en smule opholdsvejr. *(lukker spisestuedøren og går hen til forstuedøren og kalder:)* Regine!

REGINE *(udenfor).* Ja, frue?

FRU ALVING. Gå ned i strygeværelset og hjælp til med kransene.

REGINE. Ja vel, frue.

FRU ALVING *(forvisser sig om, at Regine går; derpå lukker hun døren).*

PASTOR MANDERS. Han kan dog ikke høre noget derinde?

FRU ALVING. Ikke når døren er lukket. Desuden så går han jo ud.

PASTOR MANDERS. Jeg er endnu som fortumlet. Jeg begriber ikke, hvorledes jeg har kunnet synke en bid af den velsignede mad.

FRU ALVING *(i behersket uro, går op og ned).* Jeg ikke heller. Men hvad er her at gøre?

PASTOR MANDERS. Ja, hvad er at gøre? Jeg véd det, min tro, ikke;

jeg er så aldeles uerfaren i deslige tilfælde.

FRU ALVING. Jeg er overbevist om, at endnu er ingen ulykke sket.

PASTOR MANDERS. Nej, det forbyde himlen! Men et usømmeligt forhold er det ligefuldt.

FRU ALVING. Det hele er et løst indfald af Osvald; det kan De være viss på.

PASTOR MANDERS. Ja, jeg er jo, som sagt, ikke inde i den slags ting; men jeg synes dog tilforladelig –

FRU ALVING. Ud af huset må hun jo. Og det straks. Det er en soleklar sag –

PASTOR MANDERS. Ja, det forstår sig.

FRU ALVING. Men hvorhen? Vi kan da ikke forsvare at –

PASTOR MANDERS. Hvorhen? Naturligvis hjem til sin far.

FRU ALVING. Til hvem, sa' De?

PASTOR MANDERS. Til sin –. Nej, men Engstrand er jo ikke –. Men, Herregud, frue, hvorledes er dette muligt? De må jo dog ta' fejl alligevel.

FRU ALVING. Desværre; jeg tar ikke fejl i nogenting. Johanne måtte gå til bekendelse for mig, – og Alving kunde ikke nægte. Så var der jo ikke andet at gøre, end at få sagen neddysset.

PASTOR MANDERS. Nej, det var vel det eneste.

FRU ALVING. Pigen kom straks af tjenesten, og fik en temmelig rigelig sum for at tie indtil vidre. Resten sørged hun selv for, da hun kom ind til byen. Hun fornyed gammelt bekendtskab med snedker Engstrand, lod sig vel forlyde med, kan jeg tro, hvor mange penge hun havde, og bildte ham så noget ind om en eller anden udlænding, som skulde ha' ligget her med et lystfartøj den sommer. Så blev hun og Engstrand viet i huj og hast. Ja, De vied dem jo selv.

PASTOR MANDERS. Men hvorledes skal jeg da forklare mig –? Jeg

43

husker tydeligt, da Engstrand kom for at bestille vielsen. Han var så rent sønderknust, og anklaged sig så bitterligt for den letsindighed, han og hans forlovede havde gjort sig skyldig i.

FRU ALVING. Ja, han måtte jo ta' skylden på sig.

PASTOR MANDERS. Men en sådan uoprigtighed af ham! Og det imod *mig*! Det havde jeg tilforladelig ikke troet om Jakob Engstrand. Nå, jeg skal rigtignok ta'e ham alvorligt for mig; det kan han belave sig på. – Og så det usædelige i en sådan forbindelse! For penges skyld –! Hvor stort var det beløb, pigen havde at råde over?

FRU ALVING. Det var tre hundrede specier.

PASTOR MANDERS. Ja, tænke sig bare, – for lumpne tre hundrede specier at gå hen og la' sig ægtevie til en falden kvinde!

FRU ALVING. Hvad siger De da om mig, som gik hen og lod mig ægtevie til en falden mand?

PASTOR MANDERS. Men Gud bevare os vel; – hvad er det, De siger? En falden mand!

FRU ALVING. Tror De kanske Alving var renere, da jeg gik med ham til alteret, end Johanne var, da Engstrand lod sig vie til hende?

PASTOR MANDERS. Ja men det er dog så himmelvidt forskellige ting –

FRU ALVING. Sletikke så forskellige endda. Der var rigtignok stor forskel i prisen; – lumpne tre hundrede daler og en hel formue.

PASTOR MANDERS. Men at De kan stille noget så uligt sammen. De havde jo dog berådet Dem med Deres hjerte og med Deres pårørende.

FRU ALVING *(ser ikke på ham).* Jeg trode De forstod, hvorhen det, De kalder mit hjerte, havde forvildet sig dengang.

PASTOR MANDERS *(fremmed).* Havde jeg forstått noget sådant, var jeg ikke bleven en daglig gæst i Deres mands hus.

FRU ALVING. Ja, det står ialfald fast, at med mig selv berådte jeg mig sandelig ikke.

PASTOR MANDERS. Nå, så med Deres nærmeste slægt da; således som foreskrevet er; med Deres mor og med begge Deres tanter.

FRU ALVING. Ja, det er sandt. De tre gjorde op regnestykket for mig. Å, det er utroligt, hvor grejt de fik ud, at det vilde være den rene dårskab at vrage et sligt tilbud. Om mor kunde se op nu og vidste, hvor al den herlighed havde båret hen!

PASTOR MANDERS. Udfaldet kan ingen gøres ansvarlig for. Så meget står ialfald fast, at Deres ægteskab blev stiftet overensstemmende med fuld lovlig orden.

FRU ALVING *(ved vinduet).* Ja, dette med lov og orden! Jeg tror mangengang, det er *det,* som volder alle ulykkerne her i verden.

PASTOR MANDERS. Fru Alving, nu forsynder De Dem.

FRU ALVING. Ja, det får så være; men jeg står ikke i det med alle disse bånd og hensyn længer. Jeg kan det ikke! Jeg må arbejde mig ud til frihed.

PASTOR MANDERS. Hvad mener De med det?

FRU ALVING *(trommer på vinduskarmen).* Jeg skulde aldrig lagt dølgsmål på Alvings levnet. Men jeg turde ikke andet dengang, – ikke for min egen skyld heller. Så fejg var jeg.

PASTOR MANDERS. Fejg?

FRU ALVING. Havde folk fåt noget at vide, så havde de sagt som så: stakkers mand, det er rimeligt, at han skejer ud, han, som har en kone, der løber ifra ham.

PASTOR MANDERS. Med en viss ret kunde sådant nok siges.

FRU ALVING *(ser fast på ham).* Hvis jeg var den, jeg skulde være,

45

så tog jeg Osvald for mig og sa': hør, min gut, din far var et forfaldent menneske –

PASTOR MANDERS. Men du forbarmende –

FRU ALVING. – og så fortalte jeg ham alt, hvad jeg har fortalt Dem, – rub og stub.

PASTOR MANDERS. Jeg er nær ved at oprøres over Dem, frue.

FRU ALVING. Ja, jeg véd det. Jeg véd det jo! Jeg oprøres selv ved den tanke. *(går fra vinduet.)* Så fejg er jeg.

PASTOR MANDERS. Og De kalder det fejghed at gøre Deres ligefremme pligt og skyldighed. Har De glemt, at et barn skal agte og elske sin fader og sin moder?

FRU ALVING. Lad os ikke ta' det så almindeligt. Lad os spørge: skal Osvald agte og elske kammerherre Alving?

PASTOR MANDERS. Er der ikke en røst i Deres morshjerte, som forbyder Dem at nedbryde Deres søns idealer?

FRU ALVING. Ja men sandheden da?

PASTOR MANDERS. Ja men idealerne da?

FRU ALVING. Å – idealer, idealer! Hvis jeg bare ikke var så fejg, som jeg er!

PASTOR MANDERS. Kast ikke vrag på idealerne, frue, – for det hævner sig hårdeligen. Og nu især Osvald. Osvald har nok ikke ret mange idealer, desværre. Men så meget har jeg kunnet skønne, at hans far står for ham som et sådant ideal.

FRU ALVING. Det har De ret i.

PASTOR MANDERS. Og disse hans forestillinger har De selv vakt og næret hos ham gennem Deres breve.

FRU ALVING. Ja; jeg var under pligten og hensynene; derfor løj jeg for min gut år ud og år ind. Å, hvor fejg, – hvor fejg jeg har været!

PASTOR MANDERS. De har grundfæstet en lykkelig illusion hos Deres søn, fru Alving, – og det bør De sandeligen ikke skatte ringe.

FRU ALVING. Hm; hvem véd, om *det* nu er så bra' alligevel. – Men noget maskepi med Regine vil jeg ialfald ikke vide af. Han skal ikke gå hen og gøre den stakkers pige ulykkelig.

PASTOR MANDERS. Nej, du gode Gud, det vilde jo være forfærdeligt!

FRU ALVING. Hvis jeg vidste, han mente det alvorligt og at det vilde bli' til hans lykke –

PASTOR MANDERS. Hvorledes? Hvad så?

FRU ALVING. Men det vilde det ikke bli'; for Regine er desværre ikke slig.

PASTOR MANDERS. Nå, hvad så? Hvad mener De?

FRU ALVING. Hvis jeg ikke var så gudsjammerlig fejg, som jeg er, så vilde jeg sige til ham: gift dig med hende, eller indret jer som I vil; men bare ikke noget bedrag.

PASTOR MANDERS. Men du forbarmende –! Et lovformeligt ægteskab endogså! Noget så forskrækkeligt –! Noget så uhørt –!

FRU ALVING. Ja, siger De uhørt? Hånden på hjertet, pastor Manders; tror De ikke, at der ude omkring i landet findes adskillige ægtepar, som er lige så nær i slægt?

PASTOR MANDERS. Jeg forstår Dem aldeles ikke.

FRU ALVING. Å jo såmæn gør De så.

PASTOR MANDERS. Nå, De tænker Dem det mulige tilfælde at –. Ja, desværre, familjelivet er visseligen ikke altid så rent, som det burde være. Men sådant noget, som De sigter til, kan man jo dog aldrig vide, – ialfald ikke med bestemthed. Her derimod –; at De, en mor, kunde ville tilstæde, at Deres –!

FRU ALVING. Men jeg *vil* det jo ikke. Jeg vilde ikke kunne tilstæde det for nogen pris i verden; det er jo netop det jeg siger.

PASTOR MANDERS. Nej, fordi De er fejg, som De udtrykker

47

Dem. Men hvis De altså ikke var fejg –! Du min skaber, – en så oprørende forbindelse!

FRU ALVING. Ja, vi stammer nu forresten allesammen fra den slags forbindelser, siges der. Og hvem er det, som har indrettet det slig her i verden, pastor Manders?

PASTOR MANDERS. Sådanne spørsmål drøfter jeg ikke med Dem, frue; dertil har De langtfra ikke det rette sind. Men at De tør sige, at det er fejgt af Dem –!

FRU ALVING. Nu skal De høre, hvorledes jeg mener det. Jeg er ræd og sky, fordi der sidder i mig noget af dette gengangeragtige, som jeg aldrig rigtig kan bli' kvit.

PASTOR MANDERS. Hvad var det De kaldte det?

FRU ALVING. Gengangeragtigt. Da jeg hørte Regine og Osvald derinde, var det som jeg så gengangere for mig. Men jeg tror næsten, vi er gengangere allesammen, pastor Manders. Det er ikke bare det, vi har arvet fra far og mor, som går igen i os. Det er alleslags gamle afdøde meninger og alskens gammel afdød tro og sligt noget. Det er ikke levende i os; men det sidder i alligevel og vi kan ikke bli' det kvit. Bare jeg tar en avis og læser i, er det ligesom jeg så gengangere smyge imellem linjerne. Der må leve gengangere hele landet udover. Der må være så tykt af dem som sand, synes jeg. Og så er vi så gudsjammerlig lysrædde allesammen.

PASTOR MANDERS. Aha, – der har vi altså udbyttet af Deres læsning. Skønne frugter isandhed! Å, disse afskyelige, oprørske, fritænkerske skrifter!

FRU ALVING. De tar fejl, kære pastor. De er selv den mand, som fik ægget mig til at tænke; og det skal De ha' tak og pris for.

PASTOR MANDERS. Jeg!

FRU ALVING. Ja, da De tvang mig ind under det, som De kaldte pligt og skyldighed; da De lovpriste som ret og rigtigt, hvad hele mit sind oprørte sig imod, som imod noget vederstyggeligt. Da var det jeg begyndte at se Deres lærdomme efter i sømmene. Jeg vilde bare pille ved en eneste knude; men da jeg havde fåt *den* løst, så raknet det op altsammen. Og så skønte jeg, at det var maskinsøm.

PASTOR MANDERS *(stille, rystet).* Skulde dette være vindingen af mit livs tungeste strid?

FRU ALVING. Kald det heller Deres ynkeligste nederlag.

PASTOR MANDERS. Det var mit livs største sejr, Helene; sejren over mig selv.

FRU ALVING. Det var en forbrydelse imod os begge.

PASTOR MANDERS. At jeg bød Dem og sagde: kvinde, gå hjem til Deres lovlige husbond, da De kom til mig forvildet og råbte: her er jeg; tag mig! Var *det* en forbrydelse?

FRU ALVING. Ja, jeg synes det.

PASTOR MANDERS. Vi to forstår ikke hinanden.

FRU ALVING. Ikke nu længer ialfald.

PASTOR MANDERS. Aldrig, – aldrig i mine lønligste tanker engang, har jeg set Dem anderledes, end som en andens ægtefælle.

FRU ALVING. Ja – tro det?

PASTOR MANDERS. Helene –!

FRU ALVING. En går sig selv så let af minde.

PASTOR MANDERS. Ikke jeg. Jeg er den samme, som jeg altid var.

FRU ALVING *(slår om).* Ja, ja, ja, – lad os ikke tale mere om gamle dage. Nu sidder De til op over ørene i kommissioner og bestyrelser; og jeg går her og kæmper med gengangere både indvendig og udvendig.

PASTOR MANDERS. De udvendige skal jeg nok hjælpe Dem at få bugt med. Efter alt, hvad jeg med forfærdelse har hørt af

Dem idag, kan jeg ikke for min samvittighed forsvare at lade en ung ubefæstet pige forblive i Deres hus.

FRU ALVING. Synes De ikke det var bedst, om vi kunde få hende forsørget? Jeg mener – sådan godt gift.

PASTOR MANDERS. Utvivlsomt. Jeg tror, det vilde være i alle henseender ønskeligt for hende. Regine er jo nu i den alder, da –; ja, jeg forstår mig jo ikke på det, men –

FRU ALVING. Regine blev tidlig voksen.

PASTOR MANDERS. Ja, gjorde hun ikke det? Det svæver mig for, at hun var påfaldende stærkt udviklet i legemlig henseende, da jeg forberedte hende til konfirmation. Men foreløbig må hun ialfald hjem; under sin fars opsigt –. Nej, men Engstrand er jo ikke –. At han – at *han* således kunde fordølge sandheden for mig!

(Det banker på døren til forstuen.)

FRU ALVING. Hvem kan *det* være? Kom ind!

SNEDKER ENGSTRAND *(søndagsklædt, i døren)*. Jeg ber så my' om forladelse, men –

PASTOR MANDERS. Aha! Hm –

FRU ALVING. Er det Dem, Engstrand?

ENGSTRAND. – der var ingen af pigerne tilstede, og så tog jeg mig den dristige friheden at banke lige på.

FRU ALVING. Nå ja, ja. Kom ind. Vil De tale med mig om noget?

ENGSTRAND *(kommer ind)*. Nej, ellers så mange tak. Det var nok med pastoren jeg gerne vilde tale et lidet ord.

PASTOR MANDERS *(går op og ned)*. Hm; ja så? De vil tale med mig? Vil De det?

ENGSTRAND. Ja, jeg vilde så fælt gerne –

PASTOR MANDERS *(stanser foran ham)*. Nå; må jeg spørge, hvad det er for noget?

ENGSTRAND. Jo, det var det, herr pastor, at nu har vi

klarering dernede. Mangfoldig tak, frue. – Og nu er vi færdig med altingen; og så synes jeg, det vilde være så pent og passeligt, om vi, som har arbejdet så oprigtigt sammen al denne tiden, – jeg synes, vi skulde slutte med en liden andagt ikveld.

PASTOR MANDERS. En andagt? Nede i asylet?

ENGSTRAND. Ja, synes kanske ikke pastoren det er passeligt, så –

PASTOR MANDERS. Jo visst synes jeg det, men – hm –

ENGSTRAND. Jeg har selv brugt at holde lidt andagt dernede om kveldene –

FRU ALVING. Har De?

ENGSTRAND. Ja, en gang imellem; slig en liden opbyggelse at kalde for. Men jeg er jo en ringe, gemen mand og har ikke rigtig gaverne, Gu' bedre mig, – og så tænkte jeg, at siden herr pastor Manders just var herude, så –

PASTOR MANDERS. Ja, ser De, snedker Engstrand, jeg må først gøre Dem et spørsmål. Besidder De den rette stemning for en sådan sammenkomst? Føler De Deres samvittighed fri og let?

ENGSTRAND. Å Gu' hjælpe os, det er nok ikke værd at snakke om samvittigheden, herr pastor.

PASTOR MANDERS. Jo, det er just *den*, vi skal tale om. Hvad svarer De så?

ENGSTRAND. Ja, samvittigheden – den kan være fæl, den, sommetider.

PASTOR MANDERS. Nå, det erkender De da ialfald. Men vil De så uforbeholdent sige mig, – hvorledes hænger det sammen med Regine?

FRU ALVING *(hurtigt)*. Pastor Manders!

PASTOR MANDERS *(beroligende)*. Lad De mig –

ENGSTRAND. Med Regine! Jøss', hvor ræd De gør mig da!

51

(ser på fru Alving.) Det er da vel aldrig galt fat med Regine?

PASTOR MANDERS. Det vil vi håbe. Men jeg mener, hvorledes hænger det sammen med Dem og Regine? De går jo og gælder for hendes far. Nå?

ENGSTRAND *(usikker).* Ja – hm – herr pastoren véd jo dette her med mig og salig Johanne.

PASTOR MANDERS. Ingen fordrejelse af sandheden længer. Deres afdøde hustru meddelte fru Alving den rette sammenhæng, før hun kom af tjenesten.

ENGSTRAND. Nå, så skulde da –! Gjorde hun det alligevel?

PASTOR MANDERS. De er altså afsløret, Engstrand.

ENGSTRAND. Og hun, som både svor og bandte så helligt på –

PASTOR MANDERS. Bandte hun!

ENGSTRAND. Nej, hun bare svor, men det så inderlig oprigtigt.

PASTOR MANDERS. Og i alle disse år har De fordulgt sandheden for mig. Fordulgt den for *mig*, som så ubetinget har fæstet lid til Dem i et og alt.

ENGSTRAND. Ja, desværre, jeg har nok det.

PASTOR MANDERS. Har jeg fortjent dette af Dem, Engstrand? Har jeg ikke stedse været redebon til at gå Dem tilhånde med råd og dåd, så vidt det stod i min magt? Svar! Har jeg ikke det?

ENGSTRAND. Det havde nok ikke set godt ud for mig mangengang, om jeg ikke havde havt pastor Manders.

PASTOR MANDERS. Og så lønner De mig på en sådan måde. Får mig til at indføre uefterretligheder i ministrialbogen og forholder mig siden gennem en række af år de oplysninger, som De var både mig og sandheden skyldig. Deres færd har været aldeles uforsvarlig, Engstrand; og fra nu af er det ude mellem os.

ENGSTRAND *(med et suk).* Ja, det er vel det, kan jeg skønne.

PASTOR MANDERS. Ja, for hvorledes vilde De vel kunne retfærdiggøre Dem?
ENGSTRAND. Men skulde hun da gåt og skamferet sig endda mere ved at snakke om det? Vil nu bare herr pastoren tænke sig, at han var i samme forfatning, som salig Johanne –
PASTOR MANDERS. Jeg!
ENGSTRAND. Jøss', Jøss', jeg mener ikke så lige akkurat. Men jeg mener, om pastoren havde noget at skæms over i menneskenes øjne, som de siger. Vi mandspersoner skal ikke dømme en stakkers kvinde for strængt, herr pastor.
PASTOR MANDERS. Men det gør jeg jo heller ikke. Det er Dem, jeg retter bebrejdelsen imod.
ENGSTRAND. Måtte jeg få lov til at gøre herr pastoren et bitte lidet spørsmål?
PASTOR MANDERS. Nå ja, spørg.
ENGSTRAND. Er det ikke ret og rigtigt af en mand, at han oprejser den faldende?
PASTOR MANDERS. Jo, selvfølgelig.
ENGSTRAND. Og er ikke en mand skyldig at holde sit oprigtige ord?
PASTOR MANDERS. Jo visselig er han det; men –
ENGSTRAND. Den gangen, da Johanne var falden i ulykke desformedelst denne Engelskmanden – eller kanske det var en Amerikaner eller en Russer, som de kalder det, – ja, så kom hun ind til byen. Stakker, hun havde slåt vrag på mig før en gang eller to; for hun så nu bare på det, som vakkert var, hun; og jeg havde jo denne her skavanken i benet. Ja, pastoren minds jo, jeg havde fordristet mig op på en dansesal, hvor sjøfarendes matroser rejerte med drukkenskab og beruselse, som de siger. Og da jeg så vilde formane dem til at vandre i et nyt levnet –

FRU ALVING *(henne ved vinduet)*. Hm –

PASTOR MANDERS. Jeg véd det, Engstrand; de rå mennesker kasted Dem nedover trapperne. Den begivenhed har De før meddelt mig. De bærer Deres skavank med ære.

ENGSTRAND. Jeg hovmoder mig ikke deraf, herr pastor. Men det var det, jeg vilde fortælle, at så kom hun og betrode sig til mig under grædendes tårer og tænders gnidsel. Jeg må sige herr pastoren, det gjorde mig så hjertelig ondt at høre på.

PASTOR MANDERS. Gjorde det *det*, Engstrand. Nå; og så?

ENGSTRAND. Ja, så sa' jeg til hende: Amerikaneren han er omflakkendes på verdens hav, han. Og du, Johanne. sa' jeg, du har begåt et syndefald og er en falden skabning. Men Jakob Engstrand, sa' jeg, han står på to reelle ben, han; – ja, det mente jeg nu slig som en lignelse, herr pastor.

PASTOR MANDERS. Jeg forstår Dem så godt; bliv De bare ved.

ENGSTRAND. Ja, så var det jeg oprejste hende og ægtevied hende oprigtigt for at ikke folk skulde få vide, hvor vildfarendes hun havde været med udlændinger.

PASTOR MANDERS. Alt dette var såre smukt handlet af Dem. Jeg kan blot ikke billige, at De kunde bekvemme Dem til at modtage penge –

ENGSTRAND. Penge? Jeg? Ikke en styver.

PASTOR MANDERS *(spørgende til fru Alving)*. Men –!

ENGSTRAND. Å ja, – bi lidt; nu minds jeg det. Johanne havde nok nogen skillinger ligevel. Men *det* vilde jeg ikke vide noget af. Tvi, sa' jeg, mammon, det er syndens sold, det; det usle guldet – eller papirsedler, hvad det var for noget – det slænger vi i Amerikaneren igen, sa' jeg. Men han var afsides og forsvunden over det vilde hav, herr pastor.

PASTOR MANDERS. Var han det, min gode Engstrand?

ENGSTRAND. Ja vel. Og så blev jeg og Johanne enige om, at de pengene skulde gå til at opdrage barnet for, og *så* blev det da også; og *jeg* kan gøre regnskab og rigtighed for hver evig eneste skilling.

PASTOR MANDERS. Men dette forandrer jo sagen ganske betydeligt.

ENGSTRAND. Slig hænger det sammen, herr pastor. Og jeg tør nok sige, jeg har været en oprigtig far for Regine, – så langt mine kræfter rak da – for jeg er en skrøbelig mand, desværre.

PASTOR MANDERS. Nå nå, min kære Engstrand –

ENGSTRAND. Men det tør jeg sige, at jeg har opdraget barnet og levet kærligt med salig Johanne og øvet hustugten, som skrevet står. Men aldrig kunde det da falde mig ind at gå op til pastor Manders og hovmode mig og gøre mig til af, at jeg havde gjort en god gerning engang i verden, jeg også. Nej, når sligt hændes Jakob Engstrand, så tier han stille med det. Desværre, det går vel ikke så tidt på, kan jeg tro. Og når jeg kommer til pastor Manders, så har jeg så evig nok med at snakke om det, som galt og skrøbeligt er. For jeg siger det, som jeg sagde nylig, – samvittigheden kan være styg en gang iblandt.

PASTOR MANDERS. Ræk mig Deres hånd, Jakob Engstrand.

ENGSTRAND. Å Jøss, herr pastor –

PASTOR MANDERS. Ingen omsvøb. *(trykker hans hånd.)* Se så!

ENGSTRAND. Og hvis jeg så pent og *vakker* turde be' pastoren om forladelse –

PASTOR MANDERS. De? Nej tvertimod; det er mig, som skal bede Dem om forladelse –

ENGSTRAND. Å nej kors da.

PASTOR MANDERS. Jo, tilforladelig. Og det gør jeg af hele mit hjerte. Tilgiv, at jeg således kunde miskende Dem. Og gid jeg så sandt kunde vise Dem et eller andet tegn på min oprigtige fortrydelse og på min velvilje for Dem –

ENGSTRAND. Vilde herr pastoren det?

PASTOR MANDERS. Med den allerstørste fornøjelse –

ENGSTRAND. Ja, for så var der rigtignok lejlighed til det nu. Med de velsignede penge, som jeg har lagt mig tilbedste herude, tænker jeg på at grundlægge et slags sjømandshjem inde i byen.

FRU ALVING. Vil *De*?

ENGSTRAND. Ja, det skulde bli' som et slags asyl at kalde for. Fristelserne er så mangfoldige for sjømanden, som vandrer på landjorden. Men i dette her huset hos mig kunde han få være som under en fars opsigt, tænkte jeg.

PASTOR MANDERS. Hvad siger De til det, fru Alving!

ENGSTRAND. Det er jo ikke stort, jeg har at fare med, Gu' bedre det; men hvis jeg bare kunde få en
velgørendes håndsrækning, så –

PASTOR MANDERS. Ja, ja, lad os nærmere overveje den sag. Deres forehavende tiltaler mig ganske overordentligt. Men gå De nu foran, og gør alting istand og få tændt lys, så det kan være lidt festligt. Og så skal vi ha' en opbyggelig stund sammen, min kære Engstrand; for nu tror jeg nok De har den rette stemning.

ENGSTRAND. Jeg synes ligesom det, ja. Og så farvel, frue, og tak for her; og ta' rigtig godt vare på Regine for mig. *(visker en tåre af øjet.)* Salig Johannes barn – hm, det er underligt med det – men det er lige rakt som hun var vokset fast til hjerterødderne mine. Ja-mænd er det så, ja.

(Han hilser og går ud gennem døren.)

PASTOR MANDERS. Nå, hvad siger De så om den mand, fru Alving! *Det* var en ganske anden forklaring, den, vi der fik.

FRU ALVING. Ja, det var det rigtignok.

PASTOR MANDERS. Der ser De, hvor overmåde varsom man må være med at fordømme et medmenneske. Men det er da også en inderlig glæde at forvisse sig om, at man har taget fejl. Eller hvad siger *De*?

FRU ALVING. Jeg siger, De er og blir et stort barn, Manders.

PASTOR MANDERS. Jeg?

FRU ALVING *(lægger begge hænder på hans skuldre).* Og jeg siger, jeg kunde ha' lyst til at slå begge armene om halsen på Dem.

PASTOR MANDERS *(trækker sig hurtigt bort).* Nej, nej, Gud velsigne Dem –; deslige lyster –

FRU ALVING *(med et smil).* Å, De skal ikke være ræd for mig.

PASTOR MANDERS *(ved bordet).* De har stundom en så overdreven måde at udtrykke Dem på. Nu vil jeg først samle dokumenterne sammen og lægge dem i min taske. *(gør som han siger.)* Se så. Og nu farvel sålænge. Hav øjnene med Dem, når Osvald kommer tilbage. Jeg ser siden op til Dem igen.

(Han tar sid hat og går ud gennem forstuedøren.)

FRU ALVING *(drager et suk, ser et øjeblik ud af vinduet, rydder lidt op i stuen og vil gå ind i spiseværelset, men standser med et dæmpet udråb i døren)*: Osvald, sidder du endnu ved bordet!

OSVALD *(i spisestuen).* Jeg røger bare min cigar ud.

FRU ALVING. Jeg trode du var gået lidt opover vejen.

OSVALD. I sligt vejr?

(Et glas klirrer. Fru Alving lar døren stå åben og sætter sig med sit strikketøj på sofaen ved vinduet.)

OSVALD *(derinde).* Var det ikke pastor Manders, som gik nu nylig?

FRU ALVING. Jo, han gik ned på asylet.

OSVALD. Hm.

(Glas og karaffel klirrer igen.)

FRU ALVING *(med bekymret øjekast).* Kære Osvald, du skulde

57

vogte dig for den likør. Den er stærk.

OSVALD. Den er god imod fugtigheden.

FRU ALVING. Vil du ikke heller komme ind til mig?

OSVALD. Jeg må jo ikke røge derinde.

FRU ALVING. Cigar véd du jo godt du må røge.

OSVALD. Ja ja, så kommer jeg da. Bare en bitte liden dråbe til. – Se så.

(Han kommer med sin cigar ind i stuen og lukker døren efter sig. Kort taushed.)

OSVALD. Hvor er pastoren henne?

FRU ALVING. Jeg sa' dig jo, han gik ned på asylet.

OSVALD. Å ja, det er sandt.

FRU ALVING. Du skulde ikke bli' siddende så længe ved bordet, Osvald.

OSVALD *(med cigaren bag ryggen)*. Men jeg synes, det er så hyggeligt, mor, *(stryger og klapper hende.)* Tænk, – for mig, som er kommen hjem, at sidde ved mors eget bord, i mors stue, og spise mors dejlige mad.

FRU ALVING. Min kære, kære gut!

OSVALD *(noget utålmodig, går og røger)*. Og hvad skal jeg ellers ta' mig til her? Jeg kan ikke bestille noget –

FRU ALVING. Ja, kan du ikke det?

OSVALD. I sligt gråvejr? Uden at der falder et solblink hele dagen? *(går hen over gulvet.)* Å, *det*, ikke at kunne arbejde –!

FRU ALVING. Det var nok ikke rigtig vel betænkt af dig, at du kom hjem.

OSVALD. Jo, mor; det måtte så være.

FRU ALVING. Ja, for jeg vilde da ti gange heller undvære den lykke at ha' dig hos mig, end at du skulde –

OSVALD *(standser ved bordet)*. Men sig mig nu, mor, – er det da virkelig så stor en lykke for dig at ha' mig hjemme?

FRU ALVING. Om *det* er en lykke for mig!

OSVALD *(krammer en avis)*. Jeg synes, det måtte næsten være det samme for dig, enten jeg var til eller ikke.

FRU ALVING. Og det har du hjerte til at sige til din mor, Osvald?

OSVALD. Men du har da så godt kunnet leve mig foruden før.

FRU ALVING. Ja; jeg har levet dig foruden; – det er sandt.

(Taushed. Skumringen begynder langsomt. Osvald går frem og tilbage på gulvet. Cigaren har han lagt fra sig.)

OSVALD *(standser ved fru Alving)*. Mor, må jeg få lov at sidde i sofaen hos dig?

FRU ALVING *(gør plads for ham)*. Ja, kom du, min kære gut.

OSVALD *(sætter sig)*. Nu må jeg sige dig noget, mor.

FRU ALVING *(spændt)*. Nu vel!

OSVALD *(stirrer frem for sig)*. For jeg kan ikke gå og bære på det længer.

FRU ALVING. På hvad for noget? Hvad er det?

OSVALD *(som før)*. Jeg har ikke kunnet komme mig for at skrive dig til om det; og siden jeg kom hjem –

FRU ALVING *(griber ham om armen)*. Osvald, hvad *er* dette for noget!

OSVALD. Både igår og idag har jeg prøvet at skyde tankerne fra mig, – slå mig løs. Men det går ikke.

FRU ALVING *(rejser sig)*. Nu skal du tale rent ud, Osvald!

OSVALD *(drager hende ned på sofaen igen)*. Bliv siddende, så vil jeg prøve på at sige dig det. – Jeg har klaget så over træthed efter rejsen –

FRU ALVING. Nu ja! Hvad så?

OSVALD. Men det er ikke det, som fejler mig; ikke nogen almindelig træthed –

FRU ALVING *(vil springe op)*. Du er da ikke syg, Osvald!

OSVALD *(drager hende atter ned)*. Bliv siddende, mor. Tag det bare roligt. Jeg er ikke rigtig syg heller; ikke sådan, hvad man almindelig kalder syg. *(slår hænderne sammen over hodet.)*Mor, jeg er åndelig nedbrudt, – ødelagt, – jeg kan aldrig komme til at arbejde mere! *(han kaster sig med hænderne for ansigtet ned i hendes skød og brister i hulkende gråd.)*

FRU ALVING *(bleg og dirrende).* Osvald! Se på mig! Nej, nej, dette er ikke sandt.

OSVALD *(ser op med fortvivlede øjne).* Aldrig kunne arbejde mere! Aldrig – aldrig! Være som levende død! Mor, kan du tænke dig noget så forfærdeligt?

FRU ALVING. Min ulykkelige gut! Hvorledes er dette forfærdelige kommet over dig?

OSVALD *(sætter sig atter oprejst).* Ja, det er just det, jeg umuligt kan fatte og begribe. Jeg har aldrig ført noget stormende liv. Ikke i nogen henseende, Det skal du ikke tro om mig, mor! Det har jeg aldrig gjort.

FRU ALVING. Det tror jeg heller ikke, Osvald.

OSVALD. Og så kommer dette over mig alligevel! Denne forfærdelige ulykke!

FRU ALVING, Å, men det vil rette sig, min kære, velsignede gut. Det er ikke andet end overanstrængelse. Du kan tro mig på det.

OSVALD *(tungt).* Det trode jeg også i førstningen; men det er ikke så.

FRU ALVING. Fortæl mig fra ende til anden.

OSVALD. Det vil jeg også.

FRU ALVING. Hvad tid mærked du det først?

OSVALD. Det var straks efter at jeg havde været hjemme forrige gang og var kommen ned til Paris igen. Jeg begyndte at føle de voldsomste smerter i hodet – mest i baghodet, syntes jeg.

Det var som om en trang jernring blev skruet om nakken og opover.

FRU ALVING. Og så?

OSVALD. I førstningen trode jeg, det ikke var andet, end den sædvanlige hodepine, som jeg havde været så plaget med, da jeg var i opvæksten.

FRU ALVING. Ja, ja –

OSVALD. Men det var ikke så; det mærked jeg snart. Jeg kunde ikke arbejde længer. Jeg vilde begynde på et nyt stort billede; men det var som om evnerne svigted mig; al min kraft var som lamslåt; jeg kunde ikke samle mig til faste forestillinger; det svimled for mig, – løb rundt. Å, det var en forfærdelig tilstand! Til slut sendte jeg da bud efter lægen, – og af ham fik jeg vide besked.

FRU ALVING. Hvorledes, mener du?

OSVALD. Det var en af de første læger dernede. Jeg måtte da fortælle ham, hvorledes jeg følte det; og så begyndte han at gøre mig en hel del spørsmål, som jeg syntes slet ikke kom sagen ved; jeg begreb ikke hvor manden vilde hen –

FRU ALVING. Nu!

OSVALD. Tilsidst sa' han: der har lige fra fødselen af været noget ormstukket ved Dem; – han brugte netop udtrykket «vermoulu».

FRU ALVING *(spændt)*. Hvad mente han med det?

OSVALD. Jeg forstod det heller ikke, og bad ham om en nærmere forklaring. Og så sa' den gamle cyniker – *(knytter hånden.)* Å –!

FRU ALVING. Hvad sa' han?

OSVALD. Han sa': fædrenes synder hjemsøges på børnene.

FRU ALVING *(rejser sig langsomt op)*. Fædrenes synder –!

OSVALD. Jeg havde nær slåt ham i ansigtet –

FRU ALVING *(går henover gulvet).* Fædrenes synder –
OSVALD *(smiler tungt).* Ja, hvad synes du? Naturligvis forsikkred jeg ham, at der aldeles ikke kunde være tale om sligt noget. Men tror du han gav sig for *det*? Nej, han blev ved sit; og det var først da jeg havde taget frem dine breve og oversat for ham alle de steder, som handled om far –
FRU ALVING. Men *da* –?
OSVALD. Ja, da måtte han selvfølgelig indrømme, at han var på vildspor; og så fik jeg vide sandheden. Den ubegribelige sandhed! Dette jublende lyksalige ungdomsliv med kammeraterne skulde jeg afholdt mig fra. Det havde været for stærkt for mine kræfter. Selvforskyldt, altså!
FRU ALVING. Osvald! Å nej; tro ikke det!
OSVALD. Der var ingen anden forklaring mulig, *så'* han. *Det* er det forfærdelige. Uhelbredelig ødelagt for hele livet – for min egen ubesindigheds skyld. Alt, hvad jeg vilde udrettet i verden, – ikke at turde tænke på det engang, – ikke at *kunne* tænke på det. Å, kunde jeg bare leve om igen, – gøre det ugjort altsammen!
(han kaster sig på ansigtet ned i sofaen.)
FRU ALVING *(vrider hænderne og går taus kæmpende frem og tilbage).*
OSVALD *(efter en stund, ser op og blir halvt liggende på albuen).* Havde det endda været noget nedarvet, – noget, som man ikke selv kunde gøre for. Men dette her! På en så skammelig, tankeløs, letsindig måde at ha' sløset bort sin egen lykke, sin egen sundhed, alting i verden, – sin fremtid, sit liv –!
FRU ALVING. Nej, nej, min kære, velsignede gut; dette er umuligt! *(bøjer sig over ham.)* Det står ikke så fortvilet til med dig, som du tror.

OSVALD. Å, du véd ikke –. *(springer op.)* Og så det, mor, at jeg skal volde dig al den sorg! Mangen gang har jeg næsten ønsket og håbet, at du igrunden ikke brød dig så stort om mig.

FRU ALVING. Jeg, Osvald; min eneste gut! Det eneste, jeg ejer og har i verden; det eneste, jeg bryr mig om.

OSVALD *(griber begge hendes hænder og kysser dem).* Ja, ja, jeg ser det nok. Når jeg er hjemme, så ser jeg det jo. Og det er noget af det tungeste for mig. – Men nu véd du det altså. Og nu vil vi ikke tale mere om det for idag. Jeg tåler ikke at tænke længe på det af gangen. *(går opover gulvet.)* Skaf mig noget at drikke, mor!

FRU ALVING. Drikke? Hvad vil du drikke nu?

OSVALD. Å, hvadsomhelst. Du har jo noget kold punch i huset.

FRU ALVING. Ja, men min kære Osvald –!

OSVALD. Sæt dig ikke imod det, mor. Vær nu snil! Jeg *må* ha' noget at skylle alle disse nagende tankerne ned med. *(går op i blomsterværelset.)* Og så – så mørkt, som her er!

FRU ALVING *(ringer på en klokkestreng til højre).*

OSVALD. Og dette uophørlige regnvejr. Uge efter uge kan det jo vare ved; hele måneder. Aldrig få se et solglimt. De gange, jeg har været hjemme, mindes jeg aldrig jeg har set solen skinne.

FRU ALVING. Osvald, – du tænker på at rejse fra mig!

OSVALD. Hm – *(drager vejret tungt.)* Jeg tænker ikke på nogenting. Kan ikke tænke på nogenting! *(lavmælt.)* Det lar jeg nok være.

REGINE *(fra spisestuen).* Ringte fruen?

FRU ALVING. Ja, lad os få lampen ind.

REGINE. Straks, frue. Den er alt tændt. *(går ud.)*

FRU ALVING *(går hen til Osvald).* Osvald, vær ikke forbeholden

63

imod mig.

OSVALD. Det er jeg ikke, mor. *går hen til bordet.)* Jeg synes, jeg har sagt dig så meget.

REGINE *(bringer lampen og sætter den på bordet).*

FRU ALVING. Hør, Regine, du kunde hente os en halv flaske champagne.

REGINE. Vel, frue.

(går ud igen.)

OSVALD *(tar fru Alving om hodet).* Det er, som det skal være. Jeg vidste nok, mor vilde ikke la' sin gut tørste.

FRU ALVING. Du min stakkers kære Osvald; hvorledes skulde jeg kunne nægte dig nogenting nu?

OSVALD *(livfuldt).* Er *det* sandt, mor? Mener du det?

FRU ALVING. Hvorledes? Hvilket?

OSVALD. At du ikke vilde kunne nægte mig nogen ting?

FRU ALVING. Men kære Osvald –

OSVALD. Hys!

REGINE *(bringer en brikke med en halv flaske champagne og to glas, som hun sætter på bordet).* Skal jeg åbne –?

OSVALD. Nej tak, det skal jeg selv.

(Regine går ud igen.)

FRU ALVING *(sætter sig ved bordet).* Hvad var det, du mente – jeg ikke måtte nægte dig?

OSVALD *(beskæftiget med at åbne flasken).* Først et glas – eller to.

(Korken springer; han skænker i det ene glas og vil skænke i det andet.)

FRU ALVING *(holder hånden over).* Tak, – ikke for mig.

OSVALD. Nå, så for mig da!

(han tømmer glasset, fylder det pånyt og tømmer det atter; derpå sætter han sig ved bordet.)

FRU ALVING *(ventende)*. Nu da?

OSVALD *(uden at se på hende)*. Hør, sig mig, – jeg syntes du og pastor Manders så så underlig – hm, stilfærdige ud ved middagsbordet.

FRU ALVING. La' du mærke til det?

OSVALD. Ja. Hm – *(efter en kort taushed.)* Sig mig, – hvad synes du om Regine?

FRU ALVING. Hvad jeg synes?

OSVALD. Ja, er hun ikke prægtig?

FRU ALVING. Kære Osvald, du kender hende ikke så nøje som jeg –

OSVALD. Nå?

FRU ALVING. Regine fik desværre gå for længe hjemme. Jeg skulde taget hende til mig tidligere.

OSVALD. Ja, men er hun ikke prægtig at se på, mor? *(fylder sit glas.)*

FRU ALVING. Regine har mange og store fejl –

OSVALD. Å ja, hvad gør det? *(han drikker igen.)*

FRU ALVING. Men jeg holder af hende alligevel; og jeg har ansvaret for hende. Jeg vilde ikke for alt i verden, at hun skulde komme noget til.

OSVALD *(springer op)*. Mor, Regine er min eneste redning!

FRU ALVING *(rejser sig)*. Hvad mener du med det?

OSVALD. Jeg kan ikke gå her og bære al denne sjælekval alene.

FRU ALVING. Har du ikke din mor til at bære den med dig?

OSVALD. Jo, det tænkte jeg; og derfor kom jeg også hjem til dig. Men det går ikke på den måden. Jeg ser det; det går ikke. Jeg holder ikke mit liv ud her!

FRU ALVING. Osvald!

OSVALD. Jeg må leve anderledes, mor. Derfor må jeg bort ifra dig.

Jeg vil ikke ha', at du skal gå og se på det.

FRU ALVING. Min ulykkelige gut! Å, men, Osvald, så længe du er så syg som nu –

OSVALD. Var det bare sygdommen alene, så blev jeg nok hos dig, mor. For du er min bedste ven i verden.

FRU ALVING. Ja, ikke sandt, Osvald; er jeg ikke det!

OSVALD *(driver urolig om)*. Men det er alle kvalerne, naget, angeren, – og så den store dødelige angst. Å – denne forfærdelige angst!

FRU ALVING *(går efter ham)*. Angst? Hvilken angst? Hvad mener du?

OSVALD. Å, du må ikke spørge mig om mere. Jeg véd det ikke. Jeg kan ikke beskrive det for dig.

FRU ALVING *(går over mod højre og trækker i klokkestrængen)*.

OSVALD. Hvad er det du vil?

FRU ALVING. Jeg vil min gut skal være glad, vil jeg. Han skal ikke gå her og gruble. *(til Regine, som kommer i døren.)* Mere champagne. En hel flaske.

(Regine går.)

OSVALD. Mor!

FRU ALVING. Tror du ikke vi forstår at leve her på gården også?

OSVALD. Er hun ikke prægtig at se på? Slig, som hun er bygget! Og så kærnesund.

FRU ALVING *(sætter sig ved bordet)*. Sæt dig, Osvald, og lad os tale roligt sammen.

OSVALD *(sætter sig)*. Du véd nok ikke, mor, at jeg har en uret at gøre god igen mod Regine.

FRU ALVING. Du!

OSVALD. Eller en liden ubetænksomhed – hvad du vil kalde det. Meget uskyldigt forresten. Da jeg sidst var hjemme –

FRU ALVING. Ja?

OSVALD. – så spurgte hun mig så ofte om Paris, og jeg fortalte hende da et og andet dernedefra. Så husker jeg, at jeg en dag kom til at sige: skulde De ikke selv ha' lyst til at komme derned?

FRU ALVING. Nu?

OSVALD. Jeg så, at hun blev ganske blussende rød, og så sa' hun: jo, det havde jeg rigtignok lyst til. Ja ja, svarte jeg, det kan der nok bli' råd for – eller noget sligt.

FRU ALVING. Nu ja?

OSVALD. Jeg havde naturligvis glemt det hele; men da jeg iforgårs kom til at spørge hende, om hun var glad over, at jeg skulde bli' så længe hjemme –

FRU ALVING. Ja?

OSVALD. – da så hun så besynderligt på mig, og så spurgte hun: men hvad blir der så af min rejse til Paris?

FRU ALVING. Hendes rejse!

OSVALD. Og så fik jeg ud af hende, at hun havde taget sagen alvorligt, at hun havde gåt her og tænkt på mig hele tiden, og at hun havde lagt sig efter at lære fransk –

FRU ALVING. Derfor altså –

OSVALD. Mor, – da jeg så den prægtige, smukke, kærnefriske pige stå der for mig – før havde jeg jo aldrig lagt videre mærke til hende – men nu, da hun stod der ligesom med åbne arme færdig til at ta' imod mig –

FRU ALVING. Osvald!

OSVALD. – da gik det op for mig, at i hende var der redning; for jeg så der var livsglæde i hende.

FRU ALVING *(studsende)*. Livsglæde –? Kan der være redning i *den*?

REGINE *(fra spisestuen med en champagneflaske)*. Jeg ber undskylde, at jeg blev så længe; men jeg måtte i kælderen –

(*sætter flasken på bordet.*)

OSVALD. Og hent så et glas til.

REGINE (*ser forundret på ham*). Der står fruens glas, herr Alving.

OSVALD. Ja, men hent et til dig selv, Regine.

REGINE (*farer sammen og kaster et lynsnart sky sideblik til fru Alving*).

OSVALD. Nå?

REGINE (*sagte og nølende*). Er det med fruens vilje –?

FRU ALVING. Hent glasset, Regine.

(*Regine går ud i spisestuen.*)

OSVALD (*ser efter hende*). Har du lagt mærke til, hvorledes hun går? Så fast og frejdigt.

FRU ALVING. Dette sker ikke, Osvald!

OSVALD. Den sag er afgjort. Det ser du jo. Det nytter ikke at tale imod.

REGINE (*kommer med et tomt glas, som hun beholder i hånden*).

OSVALD. Sæt dig, Regine.

REGINE (*ser spørgende på fru Alving*),

FRU ALVING. Sæt dig ned.

REGINE (*sætter sig på en stol ved spisestuedøren og holder fremdeles det tomme glas i hånden*).

FRU ALVING. Osvald, – hvad var det du sa' om livsglæden?

OSVALD. Ja, livsglæden, mor, – den kender I ikke stort til herhjemme. Jeg fornemmer den aldrig her.

FRU ALVING. Ikke når du er hos mig?

OSVALD. Ikke når jeg er hjemme. Men det forstår du ikke.

FRU ALVING. Jo, jo, jeg tror næsten jeg forstår det – nu.

OSVALD. Den – og så arbejdsglæden. Ja, det er nu igrunden den samme ting. Men den véd I hellerikke noget om.

FRU ALVING. Det kan du nok ha' ret i. Osvald, lad mig høre mere om dette her.

OSVALD. Ja, det er bare det jeg mener, at her læres folk op til at tro, at arbejdet er en forbandelse og en syndestraf, og at livet er noget jammerligt noget, som vi er bedst tjent med at komme ud af jo før jo heller.

FRU ALVING. En jammerdal, ja. Og det gør vi det da også ærligt og redeligt til.

OSVALD. Men sligt noget vil menneskene ikke vide af derude. Der er ingen der, som rigtig tror på den slags lærdomme længer. Derude kan det kendes som noget så jublende lyksaligt, bare det at være til i verden. Mor, har du lagt mærke til, at alt det, jeg har malet, har drejet sig om livsglæden? Altid og bestandig om livsglæden. Der er lys og solskin og søndagsluft, – og strålende fornøjede menneskeansigter. Derfor er jeg ræd for at bli' her hjemme hos dig.

FRU ALVING. Ræd? Hvad er det du er ræd for her hos mig?

OSVALD. Jeg er ræd for, at alt det, som er oppe i mig, vilde arte ud i styghed her.

FRU ALVING *(ser fast på ham)*. Tror du, *det* vilde ske?

OSVALD. Jeg véd det så visst. Lev det samme liv herhjemme, som derude, og det blir dog ikke det samme liv.

FRU ALVING *(som spændt har lyttet, rejser sig med store tankefulde øjne og siger)*: Nu ser jeg sammenhængen.

OSVALD. Hvad ser du?

FRU ALVING. Nu ser jeg den for første gang. Og nu kan jeg tale.

OSVALD *(rejser sig)*. Mor, jeg forstår dig ikke.

REGINE *(som ligeledes har rejst sig)*. Skal jeg kanske gå?

FRU ALVING. Nej, bliv her. Nu kan jeg tale. Nu, min gut, skal du vide det altsammen. Og så kan du vælge. Osvald! Regine!

OSVALD. Vær stille. Pastoren –

PASTOR MANDERS *(kommer ind gennem forstuedøren)*. Se så, nu har vi havt en hjertens hyggelig stund dernede.

OSVALD. Vi også.

PASTOR MANDERS. Engstrand må hjælpes med dette sømandshjem. Regine må flytte til ham og være ham behjælpelig –

REGINE. Nej tak, herr pastor.

PASTOR MANDERS *(lægger nu først mærke til hende).* Hvad –? Her, – og med et glas i hånden!

REGINE *(sætter hurtigt glasset fra sig).* Pardon –!

OSVALD. Regine flytter med mig, herr pastor.

PASTOR MANDERS. Flytter! Med Dem!

OSVALD. Ja, som min hustru, – hvis hun forlanger det.

PASTOR MANDERS. Men du forbarmende –!

REGINE. Jeg kan ikke gøre for det, herr pastor.

OSVALD. Eller hun blir her, hvis jeg blir.

REGINE *(uvilkårligt).* Her!

PASTOR MANDERS. Jeg forstenes over Dem, fru Alving.

FRU ALVING. Ingen af delene sker; for nu kan jeg tale rent ud.

PASTOR MANDERS. Men det vil De da ikke! Nej, nej, nej!

FRU ALVING. Jo, jeg både kan og vil. Og endda skal der ingen idealer falde.

OSVALD. Mor, hvad er det for noget, som her skjules for mig!

REGINE *(lyttende).* Frue! Hør! Der er folk, som skriger udenfor. *(hun går op i blomsterværelset og ser ud.)*

OSVALD *(mod vinduet til venstre).* Hvad er der påfærde? Hvor kommer den lysningen fra?

REGINE *(råber).* Det brænder i asylet!

FRU ALVING *(mod vinduet).* Brænder!

PASTOR MANDERS. Brænder? Umuligt. Jeg var jo nylig dernede.

OSVALD. Hvor er min hat? Nå, det kan være det samme –. Fars asyl –!

(han løber ud gennem havedøren.)
FRU ALVING. Mit tørklæde, Regine! Det brænder i lys lue.
PASTOR MANDERS. Forfærdeligt! Fru Alving, *der* lyser straffedommen over dette forstyrrelsens hus!
FRU ALVING. Ja, ja visst. Kom, Regine.
(hun og Regine skynder sig ud gennem forstuen.)
PASTOR MANDERS *(slår hænderne sammen).* Og så ikke assureret!
(ud samme vej.)

TREDJE AKT

(Stuen som før. Alle dørene står åbne. Lampen brænder fremdele på bordet. Mørkt udenfor; kun en svag ildskimmer til venstre i baggrunden.)

(Fru Alving, med et stort tørklæde over hodet, står oppe i blomsterværelset og ser ud. Regine, ligeledes med et tørklæde om sig, står lidt bag hende.)

FRU ALVING. Brændt altsammen. Lige til grunden.

REGINE. Det brænder endnu i kælderne.

FRU ALVING. At ikke Osvald kommer op. Der er jo ingenting at redde.

REGINE. Skal jeg kanske gå ned til ham med hatten?

FRU ALVING. Har han ikke sin hat engang?

REGINE *(peger ud i forstuen)*. Nej, der hænger den.

FRU ALVING. Så lad den hænge. Nu må han dog komme op. Jeg vil selv se efter.

(hun går ud gennem havedøren.)

PASTOR MANDERS *(kommer fra forstuen)*. Er ikke fru Alving her?

REGINE. Nu gik hun netop ned i haven.

PASTOR MANDERS. Dette er den forskrækkeligste nat, jeg har oplevet.

REGINE. Ja, er det ikke en gruelig ulykke, herr pastor?

PASTOR MANDERS. Å, tal ikke om det! Jeg tør knapt tænke på det engang.

REGINE. Men hvorledes kan det være gåt til –?

PASTOR MANDERS. Spørg mig ikke, jomfru Engstrand! Hvor kan *jeg* vide det? Vil De kanske også –? Er det ikke nok, at Deres far –?

REGINE. Hvad han?

PASTOR MANDERS. Å, han har gjort mig rent fortumlet i hodet.

SNEDKER ENGSTRAND *(kommer gennem forstuen).* Herr pastor –!

PASTOR MANDERS *(vender sig forskrækket).* Er De efter mig her også!

ENGSTRAND. Ja, jeg må Gu' døde mig –! Å, Jøss da! Men dette her er så fælt, herr pastor!

PASTOR MANDERS *(går frem og tilbage).* Desværre, desværre!

REGINE. Hvad er det for noget?

ENGSTRAND. Å, det kom af denne her andagten, ser du. *(sagte.)* Nu har vi gøken, barnet mit! *(højt.)* Og så at *jeg* skal være skyld i, at pastor Manders blev skyld i sligt noget!

PASTOR MANDERS. Men jeg forsikkrer Dem, Engstrand –

ENGSTRAND. Men der var jo ingen andre end pastoren, som rejerte med lysene dernede.

PASTOR MANDERS *(standser).* Ja, det påstår De. Men jeg kan tilforladelig ikke erindre, at jeg havde et lys i min hånd.

ENGSTRAND. Og jeg, som *så* så grangiveligt, at pastoren tog lyset og snød det med fingrene, og slængte tanen lige bort i høvleflisene.

PASTOR MANDERS. Og det så De på?

ENGSTRAND. Ja, det så jeg plent, det.

PASTOR MANDERS. Dette er det mig umuligt at begribe. Det er ellers aldrig min vane at pudse lys med fingrene.

ENGSTRAND. Ja, det så også fælt uvorrent ud, gjorde det. Men kan det da bli' så rent farligt, herr pastor?

PASTOR MANDERS *(går urolig frem og tilbage).* Å, spørg mig ikke!

ENGSTRAND *(går med ham).* Og så har jo ikke pastoren assurert det heller?

PASTOR MANDERS *(fremdels gående).* Nej, nej, nej; det hører De jo.

ENGSTRAND *(følger med).* Ikke assurert. Og så gå bent bort og stikke varme på det alt ihob. Jøss, Jøss, for en ulykke!

PASTOR MANDERS *(tørrer sveden af panden).* Ja, det må De nok sige, Engstrand.

ENGSTRAND. Og så at sligt skulde hænde sig med en velgørendes anstalt, som skulde været til nytte for både by og bygd, som de siger. Bladene vil nok ikke fare fint med pastoren, kan jeg tro.

PASTOR MANDERS. Nej, det er just det, jeg går og tænker på. Det er næsten det værste af det altsammen. Alle disse hadefulde angreb og beskyldninger –! Å, det er forskrækkeligt at tænke sig til!

FRU ALVING *(kommer fra haven).* Han er ikke at formå til at gå fra slukningen.

PASTOR MANDERS. Ah, er De der, frue.

FRU ALVING. Så slap De dog at holde Deres festtale, pastor Manders.

PASTOR MANDERS. Å, jeg skulde så gladeligen –

FRU ALVING *(dæmpet).* Det var bedst, at det gik, som det gik. Dette asyl var ikke blevet til nogen velsignelse.

PASTOR MANDERS. Tror De ikke?

FRU ALVING. Tror *De* det?

PASTOR MANDERS. Men det var dog en overmåde stor ulykke alligevel.

FRU ALVING. Vi vil tale kort og godt om det, som en forretningssag. – Venter De på pastoren, Engstrand?

ENGSTRAND *(ved forstuedøren).* Ja, jeg gør nok det.
FRU ALVING. Så sæt Dem ned så længe.
ENGSTRAND. Tak; jeg står så godt.
FRU ALVING *(til pastor Manders).* De rejser nu formodentlig med dampskibet?
PASTOR MANDERS. Ja. Det går om en times tid.
FRU ALVING. Vær da så god at ta' alle papirerne med Dem igen. Jeg vil ikke høre et ord mere om denne sag. Jeg har fåt andre ting at tænke på –
PASTOR MANDERS. Fru Alving –
FRU ALVING. Siden skal jeg sende Dem fuldmagt til at ordne alting som De selv vil.
PASTOR MANDERS. Det skal jeg så inderlig gerne påtage mig. Legatets oprindelige bestemmelse må jo nu desværre aldeles forandres.
FRU ALVING. Det forstår sig.
PASTOR MANDERS. Ja, så tænker jeg foreløbig, jeg ordner det så, at gårdparten Solvik tilfalder landsognet. Jordvejen kan jo ingenlunde siges at være fuldstændig værdiløs. Den vil altid kunne gøres nyttig til et eller andet. Og renterne af den kontante beholdning, som indestår i sparebanken, kunde jeg kanske passeligst anvende til at støtte et eller andet foretagende, som måtte siges at være til gavn for byen.
FRU ALVING. Ganske som De vil. Det hele er mig nu aldeles ligegyldigt.
ENGSTRAND. Tænk på mit sjømandshjem, herr pastor!
PASTOR MANDERS. Ja, tilforladelig, De siger noget. Nå, det må nøje overlægges.
ENGSTRAND. Nej fan' ikke overlægge –. Å Jøss' da!
PASTOR MANDERS *(med et suk).* Og jeg véd jo desværre ikke, hvor længe jeg får med de sager at bestille. Om ikke den

75

offentlige mening vil nøde mig til at fratræde. Det beror joaltsammen på udfaldet af brandforhørerne.

FRU ALVING. Hvad er det De siger?

PASTOR MANDERS. Og udfaldet lar sig aldeles ikke på forhånd beregne.

ENGSTRAND *(nærmere).* Å jo såmæn gør det så. For her står Jakob Engstrand og jeg.

PASTOR MANDERS. Ja ja, men –?

ENGSTRAND *(sagtere).* Og Jakob Engstrand er ikke den mand, som svigter en værdig velgører i nødens stund, som de kalder det.

PASTOR MANDERS. Ja men kære, – hvorledes –?

ENGSTRAND. Jakob Engstrand er som en redningens engel at lignes ved, han, herr pastor!

PASTOR MANDERS. Nej, nej, dette kan jeg tilforladelig ikke modtage.

ENGSTRAND. Å, det blir nu så alligevel. Jeg véd en, som har taget skylden på sig for andre engang før, jeg.

PASTOR MANDERS. Jakob! *(trykker hans hånd.)* De er en sjelden personlighed. Nå, De skal også bli' forhjulpen til Deres sømands-asyl; det kan De lide på.

ENGSTRAND *(vil takke, men kan ikke for rørelse).*

PASTOR MANDERS *(hænger rejsetasken over skuldren).* Og så afsted. Vi to rejser sammen.

ENGSTRAND *(ved spisestuedøren, sagte til Regine).* Følg med mig, tøs! Du skal få leve som guld i et æg.

REGINE *(kaster på nakken).* Merci!
(hun går ud i forstuen og henter pastorens rejsetøj.)

PASTOR MANDERS. Lev vel, fru Alving! Og gid ordenens og lovlighedens ånd ret snart må holde sit indtog i denne bolig.

FRU ALVING. Farvel, Manders!

(Hun går op imod blomsterværelset, idet hun ser Osvald komme ind gennem havedøren.)

ENGSTRAND *(idet han og Regine hjælper pastoren ydertøjet på).* Farvel, barnet mit. Og skulde der komme noget på med dig, så véd du, hvor Jakob Engstrand er at finde. *(sagte.)* Lille Havnegaden, hm –! *(til fru Alving og Osvald.)* Og huset for de vejfarendes sjømænderne, det skal kaldes «Kammerherre Alvings hjem», det. Og får jeg styre det huset efter mine funderinger, så tør jeg love, at det skal bli' salig kammerherren værdigt.

PASTOR MANDERS *(i døren).* Hm – hm! Kom så, min kære Engstrand. Farvel; farvel!

(han og Engstrand går ud gennem forstuedøren.)

OSVALD *(går henimod bordet).* Hvad var det for et hus, han talte om?

FRU ALVING. Det er nok et slags asyl, som han og pastor Manders vil oprette.

OSVALD. Det vil brænde op ligesom alt dette her.

FRU ALVING. Hvor falder du på det?

OSVALD. Alting vil brænde. Der blir ingenting tilbage, som minder om far. Jeg går også her og brænder op.

REGINE *(ser studsende på ham).*

FRU ALVING. Osvald! Du skulde ikke blevet så længe dernede, min stakkers gut.

OSVALD *(sætter sig ved bordet).* Jeg tror næsten, du har ret i det.

FRU ALVING. Lad mig tørre dit ansigt, Osvald; du er ganske våd.

(hun tørrer ham med sit lommetørklæde.)

OSVALD *(ser ligegyldig frem for sig).* Tak, mor.

FRU ALVING. Er du ikke træt, Osvald? Vil du kanske sove?

OSVALD *(angst).* Nej, nej, – ikke sove! Jeg sover aldrig; jeg bare lader så. *(tungt.)* Det kommer tidsnok.

FRU ALVING *(ser bekymret på ham).* Jo, du er rigtignok syg alligevel, min velsignede gut.

REGINE *(spændt).* Er herr Alving syg?

OSVALD *(utålmodig).* Og så luk alle dørene! Denne dødelige angst –

FRU ALVING. Luk, Regine.

(Regine lukker og blir stående ved forstuedøren. Fru Alving tager sit tørklæde af; Regine gør det samme.)

FRU ALVING *(rykker en stol hen til Osvalds og sætter sig hos ham).* Se så; nu vil jeg sidde hos dig –

OSVALD. Ja, gør det. Og Regine skal også bli' inde. Regine skal altid være om mig. Du gir mig nok håndsrækningen, Regine. Gør du ikke det?

REGINE. Jeg forstår ikke –

FRU ALVING. Håndsrækningen?

OSVALD. Ja, – når det behøves.

FRU ALVING. Osvald, har du ikke din mor til at gi' dig en håndsrækning.

OSVALD. Du? *(smiler.)* Nej, mor, den håndsrækning gir du mig ikke. *(ler tungt.)* Du! Ha-ha! *(ser alvorligt på hende.)* Forresten var du jo nærmest til det. *(hæftigt.)* Hvorfor kan du ikke sige du til mig, Regine? Hvorfor kalder du mig ikke Osvald?

REGINE *(sagte).* Jeg tror ikke fruen vilde like det.

FRU ALVING. Om lidt skal du få lov til det. Og sæt dig så her hos os, du også.

REGINE *(sætter sig stilfærdigt og nølende på den anden side af bordet).*

FRU ALVING. Og nu, min stakkers forpinte gut, nu skal jeg ta' byrderne af dit sind –

OSVALD. Du, mor?

FRU ALVING. – alt det, du kalder for nag og anger og
bebrejdelser –
OSVALD. Og det tror du, du kan?
FRU ALVING. Ja, nu kan jeg det, Osvald. Du kom før til at tale om
livsglæden; og da gik der ligesom et nyt lys op for mig over
alle tingene i hele mit liv.
OSVALD *(ryster på hodet)*. Dette her forstår jeg ikke noget af.
FRU ALVING. Du skulde ha' kendt din far, da han var ganske ung
løjtnant. I *ham* var livsglæden oppe, du!
OSVALD. Ja, det véd jeg.
FRU ALVING. Det var som et søndagsvejr bare at se på ham. Og så
den ustyrlige kraft og livsfylde, som var i ham!
OSVALD. Og så –!
FRU ALVING. Og så måtte sligt et livsglædens barn, –
for han *var* som et barn, dengang, – han måtte gå herhjemme
i en halvstor by, som ingen glæde havde at byde på, men bare
fornøjelser. Måtte gå her uden at ha' noget livsformål; han
havde bare et embede. Ikke øjne noget arbejde, som han
kunde kaste sig over med hele sit sind; – han havde
bareforretninger. Ikke eje en eneste kammerat, som
var mægtig at føle hvad livsglæde er for noget;
bare dagdrivere og svirebrødre –
OSVALD. Mor –!
FRU ALVING. Så kom det, som det måtte komme.
OSVALD. Og hvorledes måtte det da komme?
FRU ALVING. Du sagde selv før iaftes, hvorledes det vilde gå med
dig, om du blev hjemme.
OSVALD. Vil du dermed sige, at far –?
FRU ALVING. Din stakkers far fandt aldrig noget afløb for den
overmægtige livsglæde, som var i ham. Jeg bragte heller ikke
søndagsvejr ind i hans hjem.

OSVALD. Ikke du heller?

FRU ALVING. De havde lært mig noget om pligter og sligt noget, som jeg har gåt her og troet på så længe. Alting så munded det ud i pligterne, – i *mine* pligter og i *hans* pligter og –. Jeg er ræd, jeg har gjort hjemmet uudholdeligt for din stakkers far, Osvald.

OSVALD. Hvorfor har du aldrig skrevet mig noget til om dette?

FRU ALVING. Jeg har aldrig før set det slig, at jeg kunde røre ved det til dig, som var hans søn.

OSVALD. Og hvorledes så du det da?

FRU ALVING *(langsomt)*. Jeg så bare den ene tingen, at din far var en nedbrudt mand før du blev født.

OSVALD *(dæmpet)*. Ah –!

(han rejser sig og går hen til vinduet.)

FRU ALVING. Og så tænkte jeg dag ud og dag ind på den ene sagen, at Regine igrunden hørte til her i huset – ligesom min egen gut.

OSVALD *(vender sig hurtigt)*. Regine –!

REGINE *(farer ivejret og spørger dæmpet)*. Jeg –!

FRU ALVING. Ja, nu véd I det begge to.

OSVALD. Regine!

REGINE *(hen for sig)*. Så mor var altså slig en.

FRU ALVING. Din mor var bra' i mange stykker, Regine.

REGINE. Ja, men hun var altså slig en alligevel. Ja, jeg har nok tænkt det iblandt; men –. Ja, frue, må jeg så få lov til at rejse straks på timen?

FRU ALVING. Vil du virkelig det, Regine?

REGINE. Ja, det vil jeg da rigtignok.

FRU ALVING. Du har naturligvis din vilje, men –

OSVALD *(går hen imod Regine)*. Rejse nu? Her hører du jo til.

REGINE. Merci, herr Alving; – ja, nu får jeg vel sige Osvald da.

Men det var rigtignok ikke på *den* måden, jeg havde ment det.

FRU ALVING. Regine, jeg har ikke været åbenhjertig imod dig –

REGINE. Nej, det var såmæn synd at sige! Havde jeg vidst, at Osvald var sygelig så –. Og så nu, da det ikke kan bli' til noget alvorligt mellem os –. Nej, jeg kan ikke rigtig gå her ude på landet og slide mig op for syge folk.

OSVALD. Ikke engang for en, som står dig så nær?

REGINE. Nej såmæn om jeg kan. En fattig pige får nytte sin ungdom; for ellers kan en komme til at stå på en bar bakke før en véd af det. Og *jeg* har også livsglæde i mig, frue!

FRU ALVING. Ja, desværre; men kast dig bare ikke bort, Regine.

REGINE. Å, sker det, så skal det vel så være. Slægter Osvald på sin far, så slægter vel jeg på min mor, kan jeg tænke. – Må jeg spørge fruen, om pastor Manders véd besked om dette her med mig?

FRU ALVING. Pastor Manders véd altsammen.

REGINE *(får travlt med sit tørklæde)*. Ja, så får jeg rigtig se at komme afgårde med dampbåden så fort jeg kan. Pastoren er så snil at komme tilrette med; og jeg synes da rigtignok, atjeg er lige så nær til lidt af de pengene, som han – den fæle snedkeren.

FRU ALVING. De skal være dig vel undt, Regine.

REGINE *(ser stivt på hende)*. Fruen kunde gerne ha' opdraget mig som en konditioneret mands barn; for det havde passet bedre for mig. *(kaster på nakken.)* Men skidt, – det kan væredet samme! *(med et forbittret sideblik til den korkede flaske.)* Jeg kan såmæn endnu komme til at drikke champagnevin med konditionerte folk, jeg.

FRU ALVING. Og trænger du til et hjem, Regine, så kom til mig.

REGINE. Nej, mange tak, frue. Pastor Manders tar sig nok af mig, han. Og skulde det gå rigtig galt, så véd jeg jo et hus, hvor jeg hører hjemme.

FRU ALVING. Hvor er det?

REGINE. I kammerherre Alvings asyl.

FRU ALVING. Regine, – nu ser jeg det, – du går tilgrunde!

REGINE. Å pyt! Adieu.

(hun hilser og går ud gennem forstuen.)

OSVALD *(står ved vinduet og ser ud)*. Gik hun?

FRU ALVING. Ja.

OSVALD *(mumler hen for sig.)* Jeg tror det var galt, dette her.

FRU ALVING *(går hen bag ham og lægger hænderne på hans skuldre)*. Osvald, min kære gut, – har det rystet dig stærkt?

OSVALD *(vender ansigtet imod hende)*. Alt dette om far, mener du?

FRU ALVING. Ja, om din ulykkelige far. Jeg er så ræd, det skal ha' virket for stærkt på dig.

OSVALD. Hvor kan du falde på det? Det kom mig naturligvis højst overraskende; men igrunden kan det jo være mig ganske det samme.

FRU ALVING *(trækker hænderne til sig)*. Det samme! At din far var så grænseløs ulykkelig!

OSVALD. Naturligvis kan jeg føle deltagelse for *ham*, som for enhver anden, men –

FRU ALVING. Ikke anderledes! For din egen far!

OSVALD *(utålmodig)*. Ja, far – far. Jeg har jo aldrig kendt noget til far. Jeg husker ikke andet om ham, end at han engang fik mig til at kaste op.

FRU ALVING. Dette er forfærdeligt at tænke sig! Skulde ikke et barn føle kærlighed for sin far alligevel?

OSVALD. Når et barn ikke har noget at takke sin far for? Aldrig har kendt ham? Holder du virkelig fast ved den gamle overtro, du, som er så oplyst forresten?

FRU ALVING. Og det skulde bare være overtro –!

OSVALD. Ja, det kan du vel indse, mor. Det er en af disse meninger, som er sat i omløb i verden og så –

FRU ALVING *(rystet).* Gengangere!

OSVALD *(går hen over gulvet).* Ja, du kan gerne kalde dem gengangere.

FRU ALVING *(i udbrud).* Osvald, – så elsker du heller ikke mig!

OSVALD. Dig kender jeg da ialfald –

FRU ALVING. Ja, kender; men er det alt!

OSVALD. Og jeg véd jo, hvor meget du holder af mig; og det må jeg da være dig taknemmelig for. Og du kan jo være mig så umådelig nyttig, nu, da jeg er syg.

FRU ALVING. Ja, kan jeg ikke det, Osvald! Å, jeg kunde næsten velsigne din sygdom, som drev dig hjem til mig. For jeg ser det nok; jeg *har* dig ikke; du må vindes.

OSVALD *(utålmodig).* Ja, ja, ja; alt dette er nu sådanne talemåder. Du må huske på, jeg er et sygt menneske, mor. Jeg kan ikke beskæftige mig så meget med andre; har nok med at tænke på mig selv.

FRU ALVING *(lavmælt).* Jeg skal være nøjsom og tålmodig.

OSVALD. Og så glad, mor!

FRU ALVING. Ja, min kære gut, det har du ret i. *(går hen til ham.)* Har jeg nu taget alle nag og bebrejdelser fra dig?

OSVALD. Ja, det har du. Men hvem tar nu angsten?

FRU ALVING. Angsten?

OSVALD *(går henover gulvet).* Regine havde gjort det for et godt ord.

FRU ALVING. Jeg forstår dig ikke. Hvad er dette med angsten – og med Regine?

OSVALD. Er det meget sent på natten, mor?

Fru Alving. Det er tidligt på morgenen. *(ser ud i blomsterværelset.)* Dagen begynder alt at gry oppe i højderne. Og så blir det klarvejr, Osvald! Om lidt skal du få se solen.

Osvald. Det glæder jeg mig til. Å, der kan være mangt og meget for mig at glæde mig ved og leve for –

Fru Alving. Det skulde jeg vel tro!

Osvald. Om jeg end ikke kan arbejde, så –

Fru Alving. Å, nu vil du snart kunne komme til at arbejde igen, min kære gut. Nu har du jo ikke længer alle disse nagende og trykkende tankerne at gå og ruge over.

Osvald. Nej, det var godt, at du fik væltet alle de indbildninger af mig. Og når jeg nu bare er kommen over dette ene – *(sætter sig i sofaen.)* Nu vil vi snakke sammen, mor –

Fru Alving. Ja, lad os det.

(hun skyver en lænestol hen til sofaen og sætter sig tæt ved ham.)

Osvald. – og så rinder solen imens. Og så véd du det. Og så har jeg ikke længer denne angsten.

Fru Alving. Hvad er det jeg véd, sa' du?

Osvald *(uden at høre på hende)*. Mor, var det ikke så du sa' før ikveld, at der ikke var den ting til i verden, som du ikke vilde gøre for mig, om jeg bad dig om det?

Fru Alving. Jo, det sa' jeg rigtignok!

Osvald. Og det står du ved, mor?

Fru Alving. Det kan du lide på, du min kære eneste gut. Jeg lever jo ikke for noget andet, end bare for dig alene.

Osvald. Ja, ja, så skal du da høre –. Du, mor, du har et stærkt kraftfuldt sind, det véd jeg. Nu skal du sidde ganske rolig, når du får høre det.

FRU ALVING. Men hvad er det da for noget forfærdeligt –!
OSVALD. Du skal ikke skrige op. Hører du? Lover du mig det? Vi vil sidde og snakke ganske stille om det. Lover du mig det, mor?
FRU ALVING. Ja, ja, jeg lover dig det; men bare tal!
OSVALD. Ja, så skal du da vide, at det med trætheden – og det, at jeg ikke tåler at tænke på arbejde, – alt det er ikke sygdommen selv –
FRU ALVING. Hvad er da sygdommen selv?
OSVALD. Den sygdom, jeg har fåt som arvelod, den – *(peger på panden og tilføjer ganske sagte.)* den sidder herinde.
FRU ALVING *(næsten målløs)*. Osvald! Nej – nej!
OSVALD. Ikke skrige. Jeg kan ikke tåle det. Jo, du, den sidder herinde og lurer. Og den kan bryde løs hvad tid og time det skal være.
FRU ALVING. Å, hvilken rædsel –!
OSVALD. Nu bare rolig. Slig står det til med mig –
FRU ALVING *(springer op)*. Dette er ikke sandt, Osvald! Det er umuligt! Det kan ikke være så!
OSVALD. Jeg har havt ét anfald dernede. Det gik snart over. Men da jeg fik vide, hvorledes det havde været med mig, da kom angsten over mig så rasende og jagende; og så rejste jeg hjem til dig så fort jeg kunde.
FRU ALVING. Det er altså angsten –!
OSVALD. Ja, for dette er så ubeskrivelig afskyeligt, ser du. Å, havde det bare været en almindelig dødelig sygdom –. For jeg er ikke så bange for at dø; skønt jeg jo gerne vil leve så længe jeg kan.
FRU ALVING. Ja, ja, Osvald, det må du!
OSVALD. Men dette er så forfærdelig afskyeligt. At bli' ligesom

forvandlet til et spædt barn igen; at måtte mades, at måtte –.
Å, – det er ikke til at beskrive!

FRU ALVING. Barnet har sin mor til at pleje sig.

OSVALD *(springer op)*. Nej, aldrig; det er netop det, jeg ikke vil! Jeg tåler ikke at tænke på, at jeg kanske skulde ligge slig i mange år, – bli' gammel og grå. Og så kunde du kanske dø fra mig imens. *(sætter sig i fru Alvings stol.)* For det behøver ikke at ende dødeligt straks, sa' lægen. Han kaldte det et slags blødhed i hjernen – eller noget sligt. *(smiler tungt.)* Jeg synes, det udtryk høres så smukt. Jeg kommer altid til at tænke på kirsebærrøde silkefløjels drapperier, – noget, som er delikat at stryge nedad.

FRU ALVING *(skriger)*. Osvald!

OSVALD *(springer op igen og går henover gulvet)*. Og nu har du taget Regine fra mig! Havde jeg bare havt hende. Hun havde nok givet mig håndsrækningen, hun.

FRU ALVING *(går hen til ham)*. Hvad mener du med det, min elskede gut? Er der da nogen håndsrækning i verden, som ikke jeg skulde ville gi' dig?

OSVALD. Da jeg var kommen mig efter anfaldet dernede, så sa' lægen mig det, at når det kommer igen, – og det kommer igen, – så er der ikke noget håb mere.

FRU ALVING. Og det var han hjerteløs nok til at –

OSVALD. Jeg forlangte det af ham. Jeg sa' ham, at jeg havde forføjninger at træffe –. *(smiler listigt.)* Og det havde jeg også. *(trækker en liden æske op fra den indre brystlomme.)* Mor, ser du denne her?

FRU ALVING. Hvad er det for noget?

OSVALD. Morfinpulver.

FRU ALVING *(ser forfærdet på ham)*. Osvald, – min gut?

OSVALD. Jeg har fåt tolv kapsler sparet sammen –

FRU ALVING *(griber)*. Giv mig æsken, Osvald!
OSVALD. Ikke endnu, mor.
(han gemmer æsken igen i lommen.)
FRU ALVING. Dette overlever jeg ikke!
OSVALD. Det må overleves. Havde jeg nu havt Regine her, så havde jeg sagt hende, hvorledes det stod til med mig – og bedt hende om den sidste håndsrækning. Hun havde hjulpet mig; det er jeg viss på.
FRU ALVING. Aldrig!
OSVALD. Når det forfærdelige var kommet over mig og hun så mig ligge der hjælpeløs, som et lidet spædebarn, uhjælpelig, fortabt, håbløs, – ingen redning mere –
FRU ALVING. Aldrig i verden havde Regine gjort dette!
OSVALD. Regine havde gjort det. Regine var så prægtig lethjertet. Og hun var snart bleven ked af at passe en slig syg, som jeg.
FRU ALVING. Da lov og pris, at ikke Regine er her!
OSVALD. Ja, nu får altså du gi' mig håndsrækningen, mor.
FRU ALVING *(skriger højt)*. Jeg!
OSVALD. Hvem er nærmere til det end du?
FRU ALVING. Jeg! Din mor!
OSVALD. Just derfor.
FRU ALVING. Jeg, som har givet dig livet!
OSVALD. Jeg har ikke bedt dig om livet. Og hvad er det for et slags liv, du har givet mig? Jeg vil ikke ha' det! Du skal ta' det igen!
FRU ALVING. Hjælp! Hjælp!
(hun løber ud i forstuen.)
OSVALD *(efter hende)*. Gå ikke fra mig! Hvor vil du hen?
FRU ALVING *(i forstuen)*. Hente lægen til dig, Osvald! Lad mig komme ud!
OSVALD *(sammesteds)*. Du kommer ikke ud. Og her kommer

87

ingen ind.

(en nøgle drejes om.)

FRU ALVING *(kommer ind igen)*. Osvald! Osvald, – mit barn!

OSVALD *(følger hende)*. Har du en mors hjerte for mig, – du, som kan se mig lide al denne unævnelige angst!

FRU ALVING *(efter et øjebliks stilhed, siger behersket)*: Her er min hånd på det.

OSVALD. Vil du –?

FRU ALVING. Om det blir nødvendigt. Men det *blir* ikke nødvendigt. Nej, nej, det er aldrig muligt!

OSVALD. Ja, lad os håbe på det. Og lad os så leve sammen så længe vi kan. Tak, mor.

(Han sætter sig i den lænestol, som fru Alving har flyttet hen til sofaen. Dagen bryder frem; lampen blir ved at brænde på bordet.)

FRU ALVING *(nærmer sig varsomt)*, Føler du dig nu rolig?

OSVALD. Ja.

FRU ALVING *(bøjet over ham)*. Det har været en forfærdelig indbildning hos dig, Osvald. Altsammen indbildning. Du har ikke tålt alt dette oprivende. Men nu skal du få hvile ud. Hjemme hos din egen mor, du min velsignede gut. Alt, hvad du peger på, skal du få, som dengang du var et lidet barn. – Se så. Nu er anfaldet over. Ser du, hvor let det gik! Å, det vidste jeg nok. – Og ser du, Osvald, hvilken dejlig dag vi får? Skinnende solvejr. Nu kan du rigtig få se hjemmet.

(Hun går hen til bordet, og slukker lampen. Solopgang. Bræen og tinderne i baggrunden ligger i skinnende morgenlys.)

OSVALD *(sidder i lænestolen med ryggen mod baggrunden, uden at røre sig; pludselig siger han)*: Mor, gi' mig solen.

FRU ALVING *(ved bordet, ser studsende på ham)*. Hvad siger du?

OSVALD *(gentager dumpt og toneløst)*. Solen. Solen.

FRU ALVING *(hen til ham)*. Osvald, hvorledes er det med dig?
OSVALD *(synes at skrumpe sammen i stolen: alle musklerne slappes; hans ansigt er udtryksløst; øjnene stirrer sløvt frem)*.
FRU ALVING *(dirrende af rædsel)*. Hvad er dette! *(skriger højt.)* Osvald! Hvorledes har du det! *(kaster sig på knæ ned ved ham og rusker i ham.)* Osvald! Osvald! Se på mig! Kender du mig ikke?
OSVALD *(toneløst som før)*. Solen. – Solen.
FRU ALVING *(springer fortvivlet op, river med begge hænder i sit hår og skriger)*: Dette bæres ikke! *(hvisker ligesom stivnet.)* Dette bæres ikke! Aldrig! *(pludseligt.)* Hvor har han dem henne?*(famler pilsnart over hans bryst.)* Her! *(viger et par skridt tilbage og skriger:)* Nej; nej; nej! – Jo! – Nej; nej! *(hun står et par skridt fra ham, med hænderne indfiltret i håret, og stirrer på ham i målløs rædsel.)*
OSVALD *(sidder ubevægelig som før og siger)*: Solen. – Solen.

Also available from JiaHu Books:

Det går an by Carl Jonas Love Almqvist
Drottningens Juvelsmycke by Carl Jonas Love Almqvist
Röda rummet – August Strindberg
Fröken Julie/Fadren/Ett dromspel by August Strindberg
Brand -Henrik Ibsen
Et Dukkhjem – Henrik Ibsen
(Norwegian/English Bilingual text also available)
Peer Gynt – Henrik Ibsen
Hærmændene på Helgeland – Henrik Ibsen
Fru Inger til Østråt -Henrik Ibsen
Synnøve Solbakken - Bjørnstjerne Bjørnson
The Little Mermaid and Other Stories (Danish/English Texts) - Hans-Christian Andersen
Egils Saga (Old Norse and Icelandic)
Brennu-Njáls saga (Icelandic)
Laxdæla Saga (Icelandic)
Die vlakte en andere gedigte (Afrikaans) - Jan F.E. Celliers

www.ingramcontent.com/pod-product-compliance
Lightning Source LLC
Chambersburg PA
CBHW031413040426
42444CB00005B/551